Les cahiers d'exercices

Grec ancien

Débutants

Jean-Pierre Guglielmi

À propos de ce cahier

Ce cahier ne requiert aucune connaissance préalable du grec ancien. Il vous propose 150 exercices variés et ludiques pour acquérir les bases de la langue, à commencer par la lecture et l'écriture. La prononciation restituée du grec ancien, employée ici, demande pratiquement le même effort que la prononciation dite scolaire et a l'avantage de mieux distinguer les sons des diphtongues αι *aï* et η *è/ê*, αυ *aou* et ο *o* / ω *ô* ainsi que les paires de consonnes τ *t* et θ *t^H* ou encore κ *k* et χ *k^H*. Nous avons choisi de noter les accents dès le début de cette initiation pour vous familiariser, au moins par l'observation, avec la graphie des mots. Les règles d'accentuation sont complexes ; vous pouvez laisser le chapitre de côté au début de votre parcours et y revenir plus tard.

Les points avancés de la morphologie et de la syntaxe (le subjonctif, le parfait, l'expression de la condition, le comparatif, le passif, etc.) ne pouvaient entrer dans le cadre de ce cahier pour débutants. Toutefois, le parcours grammatical et le choix du vocabulaire vous permettront, par des travaux pratiques, d'acquérir les bases pour comprendre des phrases simples et, plus loin, de très courts textes adaptés. Des exercices vous proposeront d'identifier, dans un choix de mots français, les mots grecs que vous aurez rencontrés. Ces petites énigmes permettent de mesurer combien le grec est présent dans nos murs. En annexe figure la liste des verbes de ce cahier et leurs racines. Leur connaissance est nécessaire pour pouvoir les reconnaître, car la morphologie verbale est très riche.

Enfin, nous vous proposons d'effectuer votre autoévaluation : après chaque exercice, dessinez l'expression de vos icônes (☺ pour une majorité de bonnes réponses, 😐 pour environ la moitié et ☹ pour moins de la moitié). À la fin de chaque chapitre, reportez le nombre d'icônes relatives à tous les exercices et, en fin d'ouvrage, faites les comptes en reportant les icônes des fins de chapitre dans le tableau général prévu à cet effet.

Sommaire

1. L'écriture grecque 3
2. L'aspiration et l'accentuation 13
3. Le nominatif singulier 19
4. Le verbe « être » 24
5. Le nominatif pluriel. 29
6. Les adjectifs en -ος -η/-α -ον 34
7. L'accusatif et le vocatif 38
8. Le présent des verbes en -ω et -μαι . . 43
9. Le génitif – Les prépositions 48
10. Le datif. 54
11. Les pronoms personnels 59
12. La 1re et la 2e déclinaisons 66

13. La 3e déclinaison. 70
14. Les présents -ῶ et -ῶμαι, -οῦμαι . . . 75
15. L'imparfait 81
16. L'aoriste 87
17. Le futur 93
18. Les pronoms-adjectifs 98
19. L'infinitif – Les verbes en -μι 104
20. L'impératif – Le participe 112
21. Annexe 120

Solutions 122
Tableau d'autoévaluation 128

L'écriture grecque

L'alphabet grec

NOMS	LETTRES		VALEUR PHONÉTIQUE
alpha	A	α	*a* bref ou *aa* long
bêta	B	β– / ϐ	*b* (**β** est employé au début d'un mot, **ϐ** à l'intérieur)
gamma	Γ	γ	*g* dur comme dans *gué* (*gn* devant **γ**, **κ**, **ξ** ou **χ**)
delta	Δ	δ	*d*
epsilon	E	ε	*é* bref
dzêta	Z	ζ	*zd*
êta	H	η	*èè* long
thêta	Θ	θ	t^H (*t* suivi d'un *h* aspiré)
iota	I	ι	*i* bref ou *ii* long
kappa	K	κ	*k*
lambda	Λ	λ	*l*
mu	M	μ	*m*
nu	N	ν	*n*
xi	Ξ	ξ	*ks* (x)
omicron	O	ο	*o* bref fermé (comme dans *lot*)
pi	Π	π	*p*
rhô	P	ρ	*r* (roulé)
sigma	Σ	σ / –ς	*s* (–ς est employé en fin de mot)
tau	T	τ	*t*
upsilon	Υ	υ	*u* bref ou *uu* long
phi	Φ	φ	p^H (*p* suivi d'un *h* aspiré)
khi	X	χ	k^H (*k* suivi d'un *h* aspiré)
psi	Ψ	ψ	*ps*
oméga	Ω	ω	*oo* long ouvert (comme dans *port*)

CHAPITRE 1 : L'ÉCRITURE GRECQUE

La prononciation

- Les valeurs phonétiques indiquées ici s'inspirent de la prononciation restituée du grec ancien.
- Celle-ci demande pratiquement le même effort que la prononciation dite scolaire et a l'avantage de mieux distinguer les sons des diphtongues comme **αι** *aï*, **αυ** *aou*, **ευ** *éou*, **ηυ** *èèou* ainsi que des paires de consonnes **τ** *t* - **θ** *tH*, **π** *p* - **φ** *pH* et **κ** *k* - **χ** *kH*.

❶ Bas les masques ! Ces lettres grecques ressemblent à celles de notre alphabet. Indiquez celles qui ont un son similaire dans les deux alphabets (exemple : A).

P   B   Z   M   (A)   X   O

T   E   K   N   Y   H   I

Exercice d'écriture

Il est d'usage de tracer les lettres du grec ancien en reproduisant la forme des caractères imprimés. La plupart des majuscules ne présentent guère de difficultés car beaucoup sont semblables à nos capitales d'imprimerie ; les lettres minuscules sont détachées.

L'écriture manuscrite des Grecs d'aujourd'hui est plus cursive.

CHAPITRE 1 : L'ÉCRITURE GRECQUE

2 Entraînez-vous à tracer les majuscules en vous aidant du modèle.

Α Α	Ν Ν
Β Β	Ξ Ξ
Γ Γ	Ο Ο
Δ Δ	Π Π
Ε Ε	Ρ Ρ
Ζ Ζ	Σ Σ
Η Η	Τ Τ
Θ Θ	Υ Υ
Ι Ι	Φ Φ
Κ Κ	Χ Χ
Λ Λ	Ψ Ψ
Μ Μ	Ω Ω

CHAPITRE 1 : L'ÉCRITURE GRECQUE

Il existe des variantes manuscrites pour les lettres « Χ » (xi) et « Ω » (oméga).

> **Longueur des voyelles**
> - Les sons **η** *èè [= èè]* et **ω** *oo [= oo]* sont toujours longs.
> - Les sons **ε** *é* et **ο** *o* sont toujours brefs.
> - Il n'y a pas de lettres spécifiques pour noter les sons **α** *[aa]*, **ι** *[ii]* et **υ** *[uu]* longs.

 Écrivez en majuscules grecques les mots suivants.

a. [a·t^H·èè·n·a] *Athéna*
b. [a·p·o·l·l·oo·n] *Apollon*

c. [ks·é·r·ks·èè·s] *Xerxès*
d. [n·é·a·p·o·l·i·s] *Naples*

e. [o·l·u·m·p·o·s] *(l')Olympe*
f. [p^H·i·l·i·p·p·o·s] *Philippe*

 Même exercice que le précédent, mais observez bien la longueur des voyelles α, ι et υ.

a. [p·r·aa·ks·i·s] *action*
b. [ps·uu·k^H·èè] *âme, vie*

c. [p^H·i·l·i·aa] *amitié*
d. [t·ii·m·èè] *estime, honneur*

e. [p·uu·r] *feu*
f. [n·ii·k·èè] *victoire*

CHAPITRE 1 : L'ÉCRITURE GRECQUE

Combinaisons de consonnes

- γ suivi de γ, κ, ξ ou χ se prononce comme le *ng* de *dressing* :

  | γγ ^{ng}g | γξ ^{ng}ks | Ex. : ΑΓΚΥΡΑ [a^{ng}kuura] |
  | γκ ^{ng}k | γχ $^{ng}k^H$ | ancre |

- σ suivi d'un β, γ, δ ou μ se prononce comme *z* :

  | σβ *zb* comme ζβ | σγ *zg* comme ζγ | Ex. : ΚΟΣΜΟΣ [kozmos] |
  | σδ *zd* comme ζδ | σμ *zm* comme ζμ | ordre de l'Univers |

5 Faites correspondre les valeurs phonétiques équivalentes entre ces groupes de lettres (exemple : h).

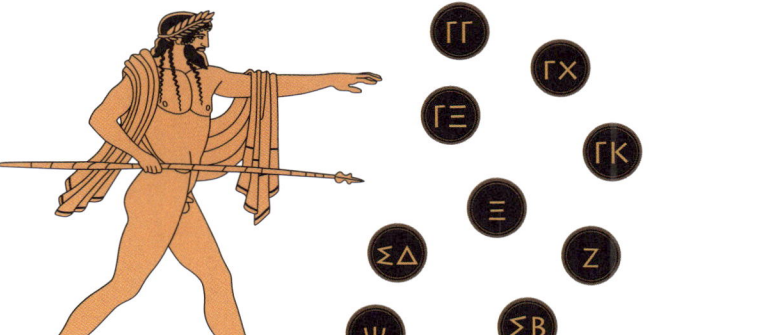

a. *ks*
b. *zd*
c. *ps*
d. ^{ng}g
e. ^{ng}k
f. ^{ng}ks
g. $^{ng}k^H$
h. *zb*

6 Écrivez en majuscules grecques les mots suivants.

a. [s·p^H·i·^{ng}·ks] *sphinx*

b. [a·^{ng}·g·é·l·o·s] *messager*

c. [a·k^H·i·l·l·éou·s] *Achille*

d. [m·u·k·èè·n·aï] *Mycènes*

e. [m·a·r·a·t^H·oo·n] *Marathon*

f. [zd·éou·s] *Zeus*

7

CHAPITRE 1 : L'ÉCRITURE GRECQUE

Combinaisons avec voyelles

- **γ** est toujours « dur » comme dans *gué* ou *gare*, jamais comme *j* : **ΓΕΩΡΓΟΣ** *géorgos* se lit *gué·or·goss*.
- **ν** précédé d'une voyelle ne produit pas de son nasal comme en français dans *an*, *on*, *in*. Ainsi l'on prononce en grec **ταν** *ta·n* ; **τεν** *té·n* ; **την** *tèè·n* ; **τιν** *ti·n* ; **τον** *to·n* ; **τυν** *tu·n* et **των** *too·n*.
- **ου** se prononce *ouou* (un *ou* toujours long).
- **ει** se prononce *éé* (long) comme dans *préétabli*.
- Dans les paires suivantes, les voyelles se prononcent distinctement, ce sont des diphtongues :

  αι *aï*   ηυ *èèou*
  αυ *aou* οι *oï*
  ευ *éou* υι *uï* (comme dans *étui*)

7 En vous référant au tableau p. 3, transcrivez phonétiquement les mots grecs suivants (exemple : b).

a. ΑΓΡΟΣ *champ*	....	**h.** ΚΡΑΤΟΣ *puissance*	....
b. ΓΗ *terre*	*gèè*	**i.** ΛΙΘΟΣ *pierre*	....
c. ΘΕΟΣ *dieu*	....	**j.** ΜΑΧΗ *bataille*	....
d. ΔΗΜΟΣ *peuple*	....	**k.** ΜΟΝΟΣ *seul, unique*	....
e. ΕΡΓΟΝ *travail*	....	**l.** ΝΑΥΣ *navire*	....
f. ΠΟΛΥΣ *nombreux*	....	**m.** ΤΑΥΡΟΣ *taureau*	....
g. ΓΡΑΦΩ *j'écris, je dessine*	....	**n.** ΛΟΓΟΣ *discours raisonné*	....

CHAPITRE 1 : L'ÉCRITURE GRECQUE

 Entraînez-vous à tracer les minuscules en vous aidant du modèle.
Certaines lettres comme θ, κ et φ peuvent être tracées d'un seul mouvement.

α α	ν ν
β/ϐ β ϐ	ξ ξ
γ γ	ο ο
δ δ	π π
ε ε	ρ ρ
ζ ζ	σ/ς σ ς
η η	τ τ
θ/ϑ θ ϑ	υ υ
ι ι	φ/ϕ φ ϕ
κ/ϰ κ ϰ	χ χ
λ λ	ψ ψ
μ μ	ω ω

CHAPITRE 1 : L'ÉCRITURE GRECQUE

« L'alpha et l'oméga »

Voici le nom en grec des lettres de l'alphabet grec :

ἄλφα [<u>a</u>lpʰa]	ἦτα [<u>è</u>èta]	νῦ [n<u>u</u>u]	ταῦ [t<u>a</u>ou]
βῆτα [b<u>è</u>èta]	θῆτα [tʰ<u>è</u>èta]	ξῖ [ks<u>i</u>i]	ὗ ψιλόν [ᴴ<u>u</u>u·psil<u>o</u>·n]
γάμμα [g<u>a</u>mma]	ἰῶτα [y<u>o</u>ota]	ὂ μικρόν [o·mikr<u>o</u>·n]	φῖ [pʰ<u>i</u>i]
δέλτα [d<u>é</u>lta]	κάππα [k<u>a</u>ppa]	πῖ [p<u>i</u>i]	χῖ [kʰ<u>i</u>i]
ἒ ψιλόν [é·psil<u>o</u>·n]	λάμβδα [l<u>a</u>·mbda]	ῥῶ [rᴴ<u>o</u>o]	ψῖ [ps<u>i</u>i]
ζῆτα [zd<u>è</u>èta]	μῦ [m<u>u</u>u]	σῖγμα [s<u>i</u>igma]	ὦ μέγα [<u>o</u>o·m<u>é</u>ga]

9 Entraînez-vous à tracer les mots suivants en vous aidant du modèle. Les accents seront abordés prochainement ; vous pourrez les tracer ultérieurement.

ἄλφα   βῆτα   γάμμα   δέλτα   ἒ ψιλόν

ζῆτα   ἦτα   θῆτα   ἰῶτα   κάππα   λάμβδα

μῦ   νῦ   ξῖ   ὂ μικρόν   πῖ   ῥῶ   σῖγμα

ταῦ   ὗ ψιλόν   φῖ   χῖ   ψῖ   ὦ μέγα

10 Même exercice que le précédent.

ἀγρός λίθος μάχη μόνος ναῦς ταῦρος λόγος
ἀγρός λίθος μάχη μόνος ναῦς ταῦρος λόγος

ἔργον ἄγκυρα πολύς θεός δῆμος γῆ γράφω
ἔργον ἄγκυρα πολύς θεός δῆμος γῆ γράφω

κράτος γεωργός κόσμος
κράτος γεωργός κόσμος

CHAPITRE 1 : L'ÉCRITURE GRECQUE

 Identifiez les mots grecs qui composent les mots français suivants.

a. *naumachie*

b. *monolithe*

c. *théologie*

d. *géographe*

e. *démocratie*

f. *monothéiste*

Nos racines

Comme d'autres peuples du pourtour méditerranéen, les Grecs ont emprunté aux Phéniciens (vers le VIIIe siècle av. J.-C.) cette géniale invention qu'est l'alphabet et l'ont adaptée à leur propre usage. Ils ont aussi conservé l'ordre et le nom sémitique de la plupart des lettres : *'āl^{e}f* → alpha, *bēt* → bêta, *gīm^{e}l* → gamma, *dāl^{e}th* → delta, etc. Les Phéniciens, qui parlaient une langue sémitique, ne notaient pratiquement que les consonnes avec leur alphabet, comme l'arabe et l'hébreu encore aujourd'hui.

Les Grecs, en se basant sur quelques affinités phonétiques des noms des lettres, se sont servis de certains signes consonantiques pour noter des voyelles : ✡ *'ālep* pour la voyelle grecque **alpha A** (a) ; ᚗ *ḥ'ē* pour **epsilon E** (é) ; O *'ayin* pour **omicron O** (o) et ainsi de suite. Ils en ont ajouté de nouvelles en fin de liste (**Φ Χ Ψ Ω**) ; certaines ont même changé de valeur phonétique (**Ξ Ψ Χ**), en particulier **H**, issu du ᛮ *ḥēt* phénicien (voir page suivante).

Entre les VIIIe et Ve siècles av. J.-C., selon les régions et les dialectes, il existait plusieurs variantes de l'alphabet grec. Une version dite « occidentale » s'est répandue d'abord dans les colonies grecques du sud de l'Italie, puis chez les autres peuples du centre et du nord de la péninsule italienne, à commencer par les Étrusques (VIIe siècle av. J.-C). Les Latins (Rome) l'emprunteront à leur tour quelques siècles plus tard.

Bravo, vous avez terminé le premier chapitre ! Il est maintenant temps de comptabiliser les icônes et de reporter le résultat en page 128 pour l'évaluation finale.

L'aspiration et l'accentuation

> Si ce chapitre vous paraît trop ardu, vous pouvez le survoler simplement et y revenir plus tard.

Pourquoi l'accentuation ?

- Toute voyelle initiale doit indiquer de quel type de *souffle* ou *aspiration* elle est accompagnée. On ajoute donc à la voyelle initiale soit un **esprit rude** (ʽ) pour indiquer un son *h* (aspiré) devant la voyelle, soit un **esprit doux** (ʼ) pour indiquer simplement l'absence de *h*. Cette notation est importante car elle fait partie de l'orthographe. À titre indicatif, le *h* aspiré correspond au *h* de *home* en anglais ou de *Haus* en allemand.

- Outre l'aspiration initiale, la plupart des mots grecs portent des accents toniques. Ces accents permettent parfois de différencier des mots semblables s'il n'y avait pas d'accent, par exemple τις, *un(e) certain(e)* et τίς, *qui ?*, ou encore les mots ἡ, *la (article)*, ἤ, *ou bien* et ἦ, *j'étais*.

Le *h* aspiré à l'initiale

- Lorsqu'au vᵉ siècle avant J.-C., Athènes adopte et diffuse la version ionienne de l'alphabet (voir p. 3), le signe **H** (**êta**) note alors le son *èè* et non plus *h* aspiré. Pour noter le *h* aspiré devant les voyelles en début de mot, certaines régions grecques inventent alors un signe complémentaire ʽ dérivé du **H**. Les grammairiens grecs le nommèrent *souffle rugueux*. Le mot *souffle* (πνεῦμα, *esprit, souffle*) passant par le latin (*spiritus*) a donné le terme technique **esprit** (*rude*) en français.

- L'**esprit rude** note donc l'aspiration : HO → ⊦O → ˪O → ʽO *ho* (noté ici ᴴ*o*).

- En l'absence d'aspiration à l'initiale, la voyelle est marquée du signe inversé ʼ appelé **esprit doux** (littéralement en grec *dépourvu de souffle*) : ⊣O → ˥O → ʼO *o*.

- Les lettres initiales **upsilon** et **rhô** sont toujours aspirées : ὑ– ᴴ*u* et ῥ– *r*ᴴ. Dans les mots français issus du grec, l'esprit rude est noté par un *h* : ῬΕΡΜΗΣ *Hermès*.

CHAPITRE 2 : L'ASPIRATION ET L'ACCENTUATION

1 En vous basant sur l'orthographe du mot français, ajoutez un esprit rude ou doux (2ᵉ colonne) devant l'initiale du mot grec qui le compose.

a. antidote (dote = *qui est donné*)	ΑΝΤΙ *en face de, à la place de*
b. héliothérapie (thérapie = *soin*)	ΗΛΙΟΣ *soleil*
c. horoscope (scope = *observation*)	ΩΡΑ *heure, moment, saison*
d. hippodrome (drome = *course*)	ΙΠΠΟΣ *cheval*
e. rhododendron (dendron = *arbre*)	ΡΟΔΟΝ *(la) rose*
f. hydroélectrique (électron = *ambre*)	ΥΔΩΡ *eau*
g. ergonomie (nomie = *étude des règles*)	ΕΡΓΟΝ *travail*

2 Écrivez en minuscules grecques les mots suivants, avec une majuscule à l'initiale pour les noms propres. Pensez à noter les esprits à l'initiale (exemple : a.).

a. [ᴴéktoor] Hector

Ἕκτωρ

b. [ᴴèèraklèès] Héraclès

c. [rᴴodos] (île de) Rhodes

d. [èèoos] aurore

e. [ᴴomèèros] Homère

f. [astèèr] étoile

g. [atᴴèèna] Athéna

h. [akropolis] citadelle

i. [ᴴérmèès] Hermès

CHAPITRE 2 : L'ASPIRATION ET L'ACCENTUATION

L'accentuation

- Le grec ancien doit son rythme mélodieux à la succession de syllabes longues et brèves dont certaines sont prononcées avec un **ton musical** plus élevé que les autres (comme la note *sol* par rapport à *do*). L'art poétique grec repose sur cette distinction.
- Presque tous les mots grecs sont accentués. La syllabe accentuée — une des trois dernières du mot — porte un accent écrit :
  — l'**accent aigu** (′) lorsque le ton est plus haut ;
  — l'**accent circonflexe** (~) lorsque le ton haut redescend sur une voyelle longue ou une diphtongue ;
  — l'**accent grave** (`) remplace l'accent aigu en fin de mot, dans un groupe de mots ou dans une phrase. L'accent reste aigu devant une ponctuation.

Esprits et accents

- L'esprit (rude ou doux) se place **avant l'accent aigu** : ἔργον [érgo·n], travail ou l'accent grave : ἒ ψιλόν [é·psilo·n], epsilon (lettre).
- L'esprit (rude ou doux) se place **sous l'accent circonflexe** : ἦτα [èèta], êta (lettre).
- L'accent et l'esprit se placent **sur la deuxième voyelle** d'une diphtongue accentuée : Αἴγυπτος [aïguptos], Égypte ; Εὐρώπη, [éouro·pèè], Europe.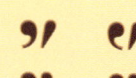

CHAPITRE 2 : L'ASPIRATION ET L'ACCENTUATION

3. Ces mots sont accentués sur la première syllabe : placez les accents aigu (´) ou circonflexe (~) et, si nécessaire, l'esprit rude (῾) ou doux (᾿). Exemple : a.

a. [aᵍⁿgélos] ..... ἄγγελος messager

b. [ᴴíppos] ..... ιππος cheval

c. [rᴴódo·n] ..... ροδον rose

d. [ᴴúdoor] ..... υδωρ eau

e. [graᵖʰoo] ..... γραφω j'écris

f. [érgo·n] ..... εργον travail

g. [líLᴴos] ..... λιθος pierre

h. [krátos] ..... κρατος puissance

i. [náous] ..... ναυς navire

j. [aⁿgkuura] ..... αγκῡρα ancre

k. [dèèmos] ..... δημος peuple

l. [ᴴéktoor] ..... Εκτωρ Hector

4. Recollez ces *ostraca* (débris de poterie) dans l'ordre pour former les noms propres ci-dessous et recopiez-les avec les accents.

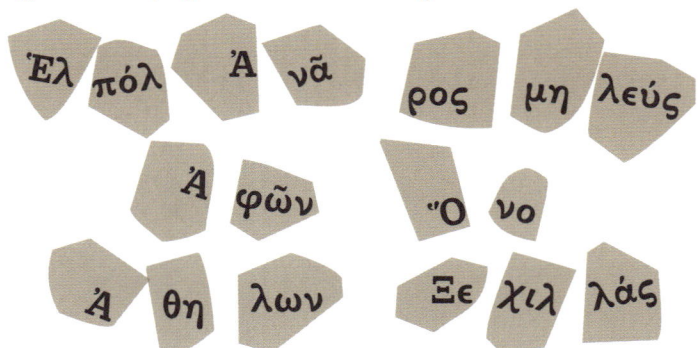

a. [akᴴilléous] Achille

b. [apólloo·n] Apollon

c. [ᴴéllas] Grèce

d. [atᴴèènáa] Athéna

e. [ᴴómèèros] Homère

f. [ksénopᴴoo·n] Xénophon

CHAPITRE 2 : L'ASPIRATION ET L'ACCENTUATION

Place des accents aigu et circonflexe

- L'accent ne peut jamais remonter au-delà de la 3ᵉ syllabe en partant de la fin (avant-avant-dernière syllabe).

- **L'accent aigu** peut frapper l'une des 3 dernières syllabes, mais l'avant-avant-dernière uniquement *si la dernière est brève*.

´ • •	• ´ •	• • ´
ἥλιος	Εὐρώπη	κεφαλή
ʰèè li os	èou roo pèè	ké pʰa lèè
soleil	Europe	tête

- **L'accent circonflexe** peut frapper l'une des 2 dernières **syllabes longues**, mais l'avant-dernière uniquement *si la dernière est brève*.

• ˜ •	• • ˜
οἶνος	Ξενοφῶν
οï nos	ksé no pʰoo·n
vin	Xénophon

- Pour l'accent, une syllabe est longue si elle contient une voyelle longue ou une diphtongue (voir p. 6 et p. 8).

5 Observez l'accentuation des mots suivants et indiquez la longueur de la dernière syllabe avec le signe — pour une longue et avec le signe ⌣ pour une brève (exemple : a.).

a. ἄγγελο̆ς .... messager

b. ἄγκυρα .... ancre

c. Αἴγυπτος .... Égypte

d. ἄνθρωπος .... (l')être humain

e. Ἀπόλλων .... Apollon

f. δίδωμι .... je donne

g. ζῷον .... animal

h. θάλαττα (ou θάλασσα) .... mer

i. Οἰδίπους .... Œdipe

j. οἰκία .... maison

k. οἶκος .... propriété (les biens)

l. μαθητής .... élève

m. πόλεμος .... guerre

n. πρᾶγμα .... action, affaire

o. τριήρης .... trière (navire de guerre)

p. χώρα .... pays

CHAPITRE 2 : L'ASPIRATION ET L'ACCENTUATION

6 Identifiez les mots grecs qui composent les mots français suivants.

a. *thalassocratie*

b. *lithographie*

c. *polémique*

d. *ergonomie*

e. *zoologie*

f. *hydrocéphale*

Nos racines

Notre civilisation occidentale puise à pleines mains depuis des siècles dans le vaste réservoir de la culture grecque antique, que ce soit dans le domaine de la poésie, de la littérature, de la mythologie ou du théâtre, ou encore dans celui de la philosophie et des mathématiques. La connaissance du grec donne un accès privilégié à ce savoir fondateur.

Aujourd'hui encore, la politique et la science, qui ont leur berceau en Grèce, mais aussi la médecine, continuent de « parler » grec à travers leur vocabulaire spécialisé : la **démocratie** (δῆμος / *dèèmos, peuple et territoire (de la cité)*, et κρατέω / *kratéo, contrôler, commander*), l'**anarchie** (α- / *a-, absence de*, et ἀρχή / *ark^Hèè, l'autorité primordiale*), le **microscope** (μικρός / *mikros, petit*, et σκοπέω / *skopéo, observer, examiner*), la **pathologie** (πάθος / *pat^Hos, accident, ce que l'on subit*, et λόγος / *logos, raisonnement*) ou encore un **antalgique** (ἀντί / *anti, contre*, et ἄλγος / *algos souffrance*) ; tous ces mots et bien d'autres attestent de la permanence du grec dans notre quotidien.

Bravo, vous avez terminé un nouveau chapitre ! Il est maintenant temps de comptabiliser les icônes et de reporter le résultat en page 128 pour l'évaluation finale.

Le nominatif singulier

Les genres et l'article

- Il y a trois genres en grec : le **masculin**, le **féminin** et le **neutre**. On les identifie grâce aux terminaisons, mais surtout, pour les substantifs, grâce à l'article défini **ὁ** (m.), **ἡ** (f.) ou **τό** (n.). Les mots grecs n'ont pas toujours le même genre qu'en français.
  — ὁ **οἶν**ος (m.), *le vin* ; ὁ **πόλεμ**ος, *la guerre* ;
  — ἡ **οἰκί**α (f.), *la maison* ; ἡ **ᾠδή**, *la poésie chantée* ; ἡ **χώρ**α, *le pays* ;
  — τὸ **ῥόδ**ον (n.), *la rose*.

- Les terminaisons (**-ος -α/-η -ον**) sont souvent un indice du genre des substantifs et des adjectifs au singulier lorsqu'ils sont sujets ou attributs du sujet : les noms en **-ος** sont le plus souvent masculins : ὁ **ἄνθρωπ**ος, *l'homme* ; ceux en **-α** ou **-η** sont le plus souvent féminins : ἡ **χώρ**α, *le pays* ; ἡ **ᾠδή**, *la poésie chantée* ; ceux en **-ον** sont neutres : τὸ **ζῷ**ον, *l'animal*.

- Il existe d'autres types de terminaisons (**-ης, -αυς, -ις, -μα** ou avec des consonnes **-ξ, -ρ, -ψ**) qui correspondent à différents genres. La présence de l'article (ou de l'adjectif) permet de déduire le genre du mot : ὁ **ἀθλητής** (m.), *l'athlète* ; ὁ **ἀστήρ** (m.), *l'étoile* ; ὁ **δελφίς** (m.), *le dauphin* ; ἡ **ναῦς** (f.), *le navire* ; ἡ **ἀκρόπολις** (f.), *la ville haute, la citadelle* ; τὸ **πρᾶγμα** (n.), *l'affaire*.

- Il n'y a pas d'article indéfini (*un, une, des*) en grec : ὁ **ἄγγελος**, *le messager* ; **ἄγγελος**, *[un] messager*.

- Les noms propres et les noms de personnes prennent l'article défini :
  — ἡ **Ἀθηνᾶ**, *Athéna (la déesse)* ;
  — ὁ **Ἕκτωρ**, *Hector (fils de Priam)*.

- Les articles **ὁ** et **ἡ** n'ont pas d'accent propre. Ils sont liés (comme soudés) dans la prononciation au mot suivant ; on dit qu'ils sont proclitiques : ὁ **οἶνος** [ᴴo-oïnos], *le vin*.

- Dans les listes de vocabulaire, chaque nom est désormais accompagné de son article.

CHAPITRE 3 : LE NOMINATIF SINGULIER

1 Recopiez ces mots en ajoutant l'article.

a. αὐλή, *la cour*

b. ἵππος, *le cheval*

c. σελήνη, *la lune*

d. γῆ, *la terre*

e. Ὅμηρος, *Homère*

f. ἔργον, *le travail*

g. Ἑρμῆς, *Hermès*

h. ὥρα, *la saison, l'heure, le moment*

i. θάλαττα, *la mer*

j. ἀθλητής, *l'athlète*

Le iota (ι) souscrit

- Les voyelles longues **minuscules** suivies du iota ι sont imprimées ainsi : ᾳ *[aaï]* ; ῃ *[èèï]* et ῳ *[ooï]* — on dit que le **iota est souscrit**.
- Pour les voyelles longues **majuscules**, le iota ι qui les suit est juxtaposé ainsi : Αι *[aaï]* ; Ηι *[èèï]* et Ωι *[ooï]* — on dit que le **iota est adscrit**.
- Le iota ι juxtaposé (adscrit) ne porte pas d'accent : Ἅιδης ou ΑΙΔΗΣ [ᴴa**aï**dèès], *Hadès (dieu des enfers)*.

2 Recopiez les mots suivants une première fois avec une majuscule à l'initiale, puis tout en majuscules (exemple : Ἅιδης - ΑΙΔΗΣ).

a. ᾄδω, *je chante*

b. ᾠδή, *poésie chantée*

c. ζῷον, *(l')animal*

d. ῥαψῳδός, *le rhapsode (poète)*

CHAPITRE 3 : LE NOMINATIF SINGULIER

Vocabulaire

ὁ γεωργός [ᴴo-géorg**o**s]
le cultivateur, le laboureur

ὁ ποταμός [ᴴo-potam**o**s]
le fleuve

τρέχει [tr**é**kᴴéé]
il/elle court

λάμπει [l**a**mbéé]
il/elle brille

ᾄδει [a**aï**déé]
il/elle chante

χαίρει [kᴴa**ï**réé]
il/elle se réjouit

καί [kaï] et, aussi

3. Traduisez les phrases suivantes.

a. Ὁ Ζεὺς καὶ ἡ Ἀθηνᾶ.

b. Ὁ ἵππος τρέχει.

c. Ἡ Ἀθηνᾶ χαίρει.

d. Ὁ ἥλιος λάμπει.

e. Καὶ ἡ σελήνη λάμπει.

f. Ὁ βοῦς καὶ ὁ ἀγρός.

4. Traduisez en grec le phrases suivantes.

a. Hermès se réjouit.

b. L'animal court.

c. Homère chante.

d. Le cheval et le fleuve.

e. Le cultivateur et le champ.

f. La maison et la pierre.

Ο ΕΡΜΗΣ

5. Complétez la phrase grecque. Le genre est indiqué s'il diffère du français.

a. *La maison et la mer.*
   ... οἰκία καὶ ... θάλαττα.

b. *L'athlète et le messager.*
   ... ἀθλητής καὶ ... ἄγγελος.

c. *Le peuple et la guerre* (m.).
   ... δῆμος καὶ ... πόλεμος.

d. *Apollon et l'Égypte* (f.).
   ... Ἀπόλλων καὶ ... Αἴγυπτος.

e. *Le pays* (f.) *et la propriété* (m.).
   ... χώρα καὶ ... οἶκος.

f. *Homère chante.*
   ... Ὅμηρος ᾄδει.

CHAPITRE 3 : LE NOMINATIF SINGULIER

Ὁ ΑΘΛΗΤΗΣ ΤΡΕΧΕΙ

Le cas sujet : nominatif

- Dans la phrase Ὁ ἀθλητὴς τρέχει, *L'athlète court*, « athlète » est **sujet** du verbe ; il est au **nominatif** (cas du sujet). L'article (défini) s'accorde avec le substantif : ὁ, *le (l')* est donc au même cas, au nominatif.

- L'adjectif épithète s'accorde en genre, en nombre et en cas avec le nom auquel il se rapporte. Exemples d'adjectifs au nominatif singulier :
    — ὁ καλὸς ἵππος, *le beau cheval* ;
    — ἡ καλὴ οἰκία, *la belle maison* ; ἡ καλὴ ᾠδή, *la belle poésie (chantée)* ;
    — τὸ καλὸν ῥόδον, *la belle rose*.

- Dans la phrase τὸ ἔργον χαλεπόν ἐστι(ν), *le (ou ce) travail est difficile*, le sujet **τὸ ἔργον** et l'adjectif attribut **χαλεπόν** sont tous les deux au nominatif (neutre singulier).

- De même, dans Ἑρμῆς θεός ἐστιν, *Hermès est un dieu*, le sujet **Ἑρμῆς** et le nom attribut **θεός** sont au nominatif (masculin singulier). Le **nominatif est le cas du sujet et de son attribut** (adjectif ou nom).

- Dans les listes de vocabulaire, chaque adjectif est indiqué au masculin suivi de la terminaison du féminin et du neutre : καλός –ή –όν, *beau* pour καλός (m.), καλή (f.), καλόν (n.) ; μακρός –ά –όν, *long* pour μακρός (m.), μακρά (f.), μακρόν (n.).

Vocabulaire

ἀγαθός –ή –όν
[agat^{H}os] bon

αἰσχρός –ά –όν
[aïsk^{H}ros] laid, honteux

ἑλληνικός –ή –όν
[^{H}éllèènikos] grec

ἰσχυρός –ά –όν
[isk^{H}uuros] fort, vigoureux

καθαρός –ά –όν
[kat^{H}aros] pur

κακός –ή –όν
[kakos] mauvais

καλός –ή –όν
[kalos] beau

λαμπρός –ά –όν
[lampros] brillant

μακρός –ά –όν
[makros] long

μέγιστος –η –ον
[mégistos] très grand

μικρός –ά –όν
[mikros] petit

ξανθός –ή –όν
[ksa·nt^{H}os] blond

παλαιός –ά –όν
[palaios] ancien

χαλεπός –ή –όν
[k^{H}alépos] difficile

CHAPITRE 3 : LE NOMINATIF SINGULIER

6 Complétez les phrases grecques. Accordez l'adjectif avec le substantif et ajoutez l'article défini en grec si nécessaire.

a. ἰσχυρ___ ἀθλητής
   un athlète vigoureux

b. . . . λαμπρ___ θάλαττα
   la mer brillante

c. ξανθ___ μαθητής
   un élève blond

d. . . . μακρ___ ποταμός
   le long fleuve

e. . . . μικρ___ ζῷον
   le petit animal

f. ἑλληνικ___ ἄγγελος
   un messager grec

7 Identifiez les mots grecs qui composent les mots français suivants.

a. *œnologie* (oï- > œ-)

b. *hippopotame*

c. *tauromachie*

d. *polythéiste*

e. *monologue*

f. *Les Cathares*

g. *paléographie*

h. *Agathe* (prénom)

Bravo, vous avez terminé un nouveau chapitre ! Il est maintenant temps de comptabiliser les icônes et de reporter le résultat en page 128 pour l'évaluation finale.

Le verbe « être »

Le verbe « être » (εἰμί)

- Comme en français, le verbe *être*, ainsi que quelques verbes très courants, est irrégulier en grec. On a coutume de citer les verbes, non pas à l'infinitif, mais à la première personne du présent de l'indicatif : **εἰμί**, *je suis*, pour le verbe *être*. Les verbes sont présentés ainsi dans les dictionnaires et dans les listes de vocabulaire.

- Voici le verbe *être* au présent de l'indicatif :

εἰμί	je suis	ἐσμέν	nous sommes
εἶ	tu es	ἐστέ	vous êtes
ἐστί(ν)	il/elle est	εἰσί(ν)	ils/elles sont

- La 3ᵉ personne **ἐστί(ν)** et **εἰσί(ν)** du présent peut être sous-entendue dans certains cas : **τὸ ἔργον χαλεπόν**, *le (ou ce) travail [est] difficile*.

- À part la 2ᵉ personne du singulier (**εἶ**), le verbe au présent n'a pas d'accent propre (pour l'accentuation, voir ci-après, *L'accent et l'enclise*).

Le nom, attribut du sujet

- Dans la phrase **Ὁ Ζεύς ἐστι θεὸς μέγιστος**, *Zeus est le plus grand dieu*, **ὁ Ζεύς** est le sujet et **θεὸς μέγιστος**, *le plus grand dieu*, l'attribut du sujet. En grec, l'attribut ne prend pas d'article.

- L'ordre des mots peut changer, comme dans **Θεὸς μέγιστός ἐστιν ὁ Ζεύς** qui a le même sens, *Zeus est le plus grand dieu*, mais l'article reste avec le sujet du verbe *être* (**ὁ Ζεύς**) et l'attribut (**θεὸς μέγιστος**) n'en a pas.

Le n euphonique

- À la fin des mots se terminant par **–σι** (ou **–ξι** ou **–ψι**) ainsi que **ἐστί**, *il/elle est*, on ajoute un **ν** final (dit euphonique, *qui sonne bien*) si le mot suivant commence par une voyelle ; cela afin d'éviter le « hiatus » entre le **-ι** et la voyelle initiale du mot suivant : **Ὁ ἄνθρωπός ἐστι(ν) ἀγαθός**, *L'homme est bon*.

- On ajoute un **–ν** final en fin de phrase également.

CHAPITRE 4 : LE VERBE « ÊTRE »

1 Complétez les phrases suivantes.

a. . . . . ἐστιν ἡ σελήνη. *La lune est brillante.*

b. Ἡ χώρα . . . . ἐστίν. *Le pays est très grand.*

c. Τὸ ἔργον ἐστὶ . . . . *Le travail est difficile.*

d. Ὁ λίθος . . . . ἐστιν. *La pierre est pure.*

e. Ἡ τριήρης . . . . ἐστιν. *La trière est ancienne.*

f. Ὁ Ζεὺς . . . . ἐστιν. *Zeus est [le] plus grand dieu.*

2 Insérez dans la grille toutes les personnes du verbe *être* conjugué (présent).

25

CHAPITRE 4 : LE VERBE « ÊTRE »

L'accent et l'enclise

- Certains mots, comme le verbe *être* au présent de l'indicatif (à part **εἶ**, *tu es*), sont dits **enclitiques**, c'est-à-dire qu'ils n'ont pas d'accent propre et sont soudés dans la prononciation au mot précédent.
- Devant un enclitique, l'accent grave final (`) devient aigu (´) :
  ἀγαθὸς + **ἐστι(ν)** → **ἀγαθός ἐστι(ν)**
- Si le mot précédent est accentué sur la dernière syllabe, la place de l'accent est inchangée :
  — **ἀγαθὸς** + **ἐστι(ν)**
    → **ἀγαθός ἐστι(ν)** [agatʰos-èsti·n]
  — **Ἀθηνᾶ** + **ἐστι(ν)**
    → **Ἀθηνᾶ ἐστι(ν)** [atʰèènâ-èsti·n]
- Si le mot précédent est accentué sur la 2ᵉ ou 3ᵉ syllabe avant la fin, un accent aigu supplémentaire est ajouté de la façon suivante :
  — **ἵππος** + **ἐστι(ν)**
    → **ἵππος ἐστί(ν)** [ʰippos-èstin]
  — **δῆμος** + **ἐστι(ν)**
    → **δῆμός ἐστι(ν)** [dèèmos-esti·n]
  — **ἄνθρωπος** + **ἐστι(ν)**
    → **ἄνθρωπός ἐστι(ν)**
    [antʰrôpos-esti·n]
- Précédant le sujet et accentué, le verbe **ἔστι(ν)** s'emploie dans le sens de *il existe, il y a* : **ἔστι χώρα**, *il y a, il existe un pays*.

Vocabulaire

ὁ ποιητής
[ho-poïèètèès]
l'auteur, le poète

ὁ δοῦλος
[ho-dououlos]
l'esclave

ἡ θεά
[hèè-tʰéaa]
la déesse

ἄριστος –η –ον
[aristos] le meilleur, le plus noble

δεινός –ή –όν
[déénos] terrible, qui inspire la crainte

3 Mettez le verbe être à la personne indiquée entre parenthèses. Exercice facultatif : accentuez le verbe.

a. Ὁ Ὅμηρος ῥαψῳδός .... (il est).

b. Ἡ Εὐρώπη καλή .... (elle est).

c. Ὁ πόλεμός .... (il est) **δεινός**.

d. Ὁ οἶνός .... (il est) **ἀγαθός**.

e. Ὁ λίθος .... (il est) **καθαρός**.

f. Γεωργὸς ἰσχυρὸς .... (tu es).

g. Ἄγγελός .... (je suis).

CHAPITRE 4 : LE VERBE « ÊTRE »

4 Traduisez les phrases de l'exercice précédent.

a. ....

b. ....

c. ....

d. ....

e. ....

f. ....

g. ....

5 Ces huit morceaux de papyrus déchiré forment deux phrases équivalentes, mais l'ordre des mots y est différent. Reconstituez les deux phrases en tenant compte des accents.

ὁ Ὅμηρός   ῥαψῳδὸς ἄριστος   ἐστι

ἐστιν   ἄριστός   ῥαψῳδὸς   ὁ Ὅμηρος

a.

b.

CHAPITRE 4 : LE VERBE « ÊTRE »

6 Identifiez les mots grecs qui composent les mots français suivants.

a. *paléoanthropologie*

b. *lithographie*

c. *paléolithique*

d. *démocratie*

e. *aristocratie*

f. *horloge*

g. *Angèle (prénom)*

h. *horoscope*

Ajax portant le corps sans vie d'Achille

Nos racines

Durant la période archaïque, on écrit généralement de droite à gauche ou alternativement de droite à gauche et de gauche à droite en passant à la ligne suivante. À partir de l'époque classique, la lecture de gauche à droite s'impose.

Sur cette peinture de vase (570 av. J.-C.), les noms d'Achille ΑΧΙΛΕΥΣ (Ἀχιλεύς) et d'Ajax ΑΙΑΣ (Αἴας) sont inscrits respectivement de droite à gauche et de gauche à droite.

Bravo, vous avez terminé un nouveau chapitre ! Il est maintenant temps de comptabiliser les icônes et de reporter le résultat en page 128 pour l'évaluation finale.

Le nominatif pluriel

Le sujet au pluriel et l'accord du verbe

- Les noms terminés au nominatif (cas sujet) singulier en :
— **-ος** (m.) prennent la terminaison **-οι** au nominatif pluriel (**οἱ ἄνθρωποι**, *les hommes*) ;
— **-α**, **-η** ou **-ης** (f. ou m.) prennent la terminaison **-αι** au nominatif pluriel : **αἱ ᾠδαί**, *les poésies chantées* ; **οἱ ἀθληταί**, *les athlètes* ;
— **-ον** (n.) prennent la terminaison **-α** au nominatif pluriel (**τὰ ζῷα**, *les animaux*).
- Les articles définis sont **οἱ** (m.), **αἱ** (f.) et **τά** (n.). Comme au singulier, **οἱ** et **αἱ** n'ont pas d'accent propre.
- Les terminaisons **-οι**, **-αι** et **-α** du nominatif pluriel **sont brèves** du point de vue de l'accentuation.
- L'adjectif s'accorde en conséquence ; exemples de terminaisons :

	NOMINATIF SINGULIER	NOMINATIF PLURIEL
m.	ὁ καλὸς ἵππος	οἱ καλοὶ ἵπποι
	ὁ ἰσχυρὸς ἀθλητής	οἱ ἰσχυροὶ ἀθληταί
f.	ἡ καλὴ ᾠδή	αἱ καλαὶ ᾠδαί
	ἡ καλὴ οἰκία	αἱ καλαὶ οἰκίαι
n.	τὸ καλὸν ῥόδον	τὰ καλὰ ῥόδα

- Lorsque le sujet (à la 3ᵉ personne) est au neutre pluriel, le verbe reste au singulier : **τὸ ζῷον τρέχει → τὰ ζῷα τρέχει**, *les animaux courent* ; **τὸ ῥόδον καλόν ἐστιν → τὰ ῥόδα καλά ἐστιν**, *les roses sont belles*.

❶ Cochez la case correspondant à la terminaison du nominatif pluriel des mots suivants.

Nominatif singulier	-οι	-οί	-αι	-αί	-α	-ά
a. ὁ ἀγρός						
b. ὁ ἀθλητής						
c. ὁ δοῦλος						
d. ἑλληνικός -ή -όν						
e. τὸ ἔργον						

CHAPITRE 5 : LE NOMINATIF PLURIEL

ΟΙ ΑΘΛΗΤΑΙ ΤΡΕΧΟΥΣΙΝ

Vocabulaire

ἡ κόρη
[ʰè-korèè] la jeune fille

ἡ νίκη
[ʰè-nikèè] la victoire

ὁ παῖς (pl. παῖδες)
[ʰo-païs] l'enfant, le garçon

ὁ ναύτης
[ʰè-naoutèès]
le marin, le matelot

τὸ φυτόν
[to-pʰuto·n] la plante

ἀθάνατος -ος -ον
[aatʰanatos] immortel

θνητός -ή -όν
[tʰnèètos] mortel

ἄσμενος -η -ον
[azménos] joyeux, content

ἱλαρός -ά -όν
[ʰilaros] gai, joyeux, enjoué

ᾄδουσι(ν)
[aaïdousi]
ils/elles chantent

γράφουσι(ν)
[grapʰousi·n]
ils/elles écrivent, dessinent

ἐργάζεται
[érgazdétaï] il/elle travaille

ἐργάζονται
[érgazdo·ntaï]
ils/elles travaillent

παίζει
[païzdéé] il/elle joue

παίζουσι(ν)
[païzdousi·n] ils/elles jouent

τρέχουσι(ν)
[trékʰousi·n] ils/elles courent

ἆρα...;
[aara] est-ce que... ?

οὐ (οὐκ, οὐχ)
[ouou] ne... pas

ἀλλά
[alla] mais

τίς, τίς, τί; (m., f., n.)
[tis] qui... ?

ἤ [èè] ou, ou bien

2. Mettez les phrases suivantes au pluriel.

a. Ὁ μαθητὴς γράφει.
L'élève écrit. ....

b. Ὁ ἰσχυρὸς γεωργὸς ἐργάζεται.
Le laboureur vigoureux travaille. ....

c. Καὶ ὁ δοῦλος ἐργάζεται.
L'esclave aussi travaille. ....

d. Ἡ κόρη παίζει.
La jeune fille joue. ....

e. Ὁ ἀθλητὴς τρέχει καὶ ὁ ποιητὴς ᾄδει.
L'athlète court et le poète chante. ....

CHAPITRE 5 : LE NOMINATIF PLURIEL

3 Exercice inverse du premier de ce chapitre. Retrouvez le nominatif singulier.

Nominatif singulier	–οι	–αι	–αί
a. ἡ			θεαί
b. ὁ			μαθηταί
c. ἡ		μάχαι	
d. ὁ			ποιηταί
e. ὁ	ταῦροι		
f. ἡ		ὧραι	

ΤΑ ΖΩΙΑ ΤΡΕΧΕΙ

La ponctuation grecque

- Les textes antiques ne comportaient ni ponctuation ni séparation entre les mots. À part quelques rares cas, les signes de séparation (points, virgules…) apparaissent à l'époque hellénistique et l'usage se codifie peu à peu jusqu'aux VIIIᵉ et IXᵉ siècles de notre ère. Les textes antiques ont été ponctués dans la typographie des éditions modernes.

- La ponctuation grecque diffère légèrement de celle du latin et du français. Le point au-dessus de la ligne (·) équivaut à notre deux-points (:) ou à notre point-virgule (;). Quant au point-virgule grec (;), il correspond à notre point d'interrogation (?). Il n'y a ni point d'exclamation (!) ni guillemets (« ») dans les éditions classiques.

CHAPITRE 5 : LE NOMINATIF PLURIEL

La négation οὐ

- La particule **οὐ**, *ne... pas* sert à exprimer la négation : **ὁ ἵππος οὐ τρέχει**, *le cheval ne court pas*. On écrit **οὐκ** devant un mot commençant par une voyelle et **οὐχ** si cette voyelle porte l'esprit rude (équivalent à un *h* expiré) :
  — **ὁ ἀθλητὴς οὐκ ἰσχυρός ἐστιν**, *l'athlète n'est pas fort* ;
  — **ἡ κόρη οὐχ ἱλαρά ἐστιν**, *la jeune fille n'est pas gaie*.

- Comme l'article défini **ὁ**, *le* et **ἡ**, *la*, la négation **οὐ**, *ne... pas* n'a pas d'accent propre. Elle fait corps avec le mot suivant dans la prononciation ; elle est proclitique.

- Notez les particularités lorsque la particule proclitique est suivie du verbe *être* (enclitique) : **οὔκ εἰμι**, *je ne suis pas* ; **οὔκ ἔστιν**, *il/elle n'est pas*.

4 Mettez les phrases à la forme négative en plaçant la négation **οὐ** devant le verbe *être*.
Exercice facultatif : adaptez l'accentuation du mot précédent si nécessaire.

a. Ἰσχυρὸς ἀθλητὴς εἶ.
   Tu es un athlète vigoureux. . . . .

b. Ἡ θάλαττα λαμπρά ἐστιν.
   La mer est brillante. . . . .

c. Ξανθὸς μαθητής εἰμι.
   Je suis un élève blond. . . . .

d. Ἔστι μακρὸς ποταμός.
   Il y a un long fleuve. . . . .

e. Τὸ ζῷον μικρόν ἐστιν.
   L'animal est petit. . . . .

5 Traduisez en grec (thème d'imitation).

a. *La jeune fille est blonde.* . . . .

b. *Les athlètes sont joyeux.* . . . .

c. *Il existe des animaux laids.* . . . .

d. *Vous n'êtes pas des esclaves vigoureux.* . . . .

CHAPITRE 5 : LE NOMINATIF PLURIEL

6 Complétez les phrases avec les mots qui conviennent au sens. Faites l'accord (genre et nombre) si nécessaire.

ἀθάνατος   Ἀθηνᾶ   ζῷον   θεός   θνητός   φύτον

a. Οἱ ἵπποι οὐκ εἰσὶ .... ἀλλὰ ....

b. Τὰ δένδρα οὐκ ἔστι .... ἀλλὰ ....

c. Ἆρα θνητή ἐστιν ἡ .... ;

d. Ἡ .... θεά ἐστιν. Οὐ θνητή ἐστιν ἀλλὰ ....

e. Ἆρα .... ἐσμεν;

f. Οὐ .... ἐσμεν ἀλλὰ ἄνθρωποι, ... ἐσμεν.

7 Identifiez les mots grecs qui composent les mots français suivants.

a. *Nice (ville)*

b. *internaute*

c. *néophyte*

d. *rhododendron*

Bravo, vous avez terminé un nouveau chapitre ! Il est maintenant temps de comptabiliser les icônes et de reporter le résultat en page 128 pour l'évaluation finale.

Les adjectifs en -ος -η/-α -ον

Adjectif de 1ʳᵉ classe

- Les adjectifs en **-ος -η/-α -ον** forment ce que l'on appelle la 1ʳᵉ classe. Ils prennent les mêmes terminaisons que les substantifs du même genre comme **ὁ ἵππος** (m.) **ἡ ᾠδή** ou **ἡ οἰκία** (f.) et **τὸ ῥόδον** (n.).

- Remarquez que la terminaison **-η** du féminin devient **-α** après **ρ** et les voyelles **ε** et **ι** : **λαμπρὸς λαμπρὰ λαμπρόν**, *brillant(e)* ; **ἀρχαῖος ἀρχαίᾱ ἀρχαῖον**, *antique (primitif)* ; **νέος νέα νέον**, *jeune*.

- Certains adjectifs de cette 1ʳᵉ classe n'ont que deux formes : masculin-féminin et neutre, car la terminaison du masculin est identique à celle du féminin (**-ος -ος -ον**). La plupart des adjectifs composés suivent ce modèle, notamment ceux contenant le suffixe privatif **ἀ-** (*in-/im-*) : **ἀθάνατος ἀθάνατος ἀθάνατον**, *immortel* (**ὁ θάνατος**, *la mort*).

L'article pronom

- L'article masculin pluriel **οἱ** sert en quelque sorte de pronom et peut désigner à lui seul *les personnes* : **Οἱ καλοί**, *les gens bien, les personnes honnêtes* ; **Οἱ ἀθάνατοι**, *les immortels*.

- De même, l'article neutre pluriel **τά** désigne *les choses, les affaires* : **τὰ καλά**, *les bonnes choses, les bonnes affaires*.

- Précédé de l'article, l'adjectif devient donc un substantif : **φίλος -η -ον**, *aimé(e), chéri(e)* permet de former **ὁ φίλος**, *l'ami* ; **ἡ φίλη**, *l'amie* ; **τὸ φίλον**, *ce qui est objet d'affection, ce qui est cher (à soi)*.

❶ Complétez les phrases grecques suivantes.

a. Ἆρα . . . . ἐστὶν ἡ τέχνη; *Est-ce que l'art est facile ?*

b. Ὁ πόλεμος . . . . ἐστιν. *La guerre est longue.*

c. Ἆρα . . . . ἐστιν ὁ Ἡρακλῆς; *Est-ce qu'Héraclès est mortel ?*

CHAPITRE 6 : LES ADJECTIFS EN -ΟΣ -Η/-Α -ΟΝ

L'accent se déplace

- Les terminaisons des mots changent et ces terminaisons peuvent être brèves ou longues. L'accent du mot se déplace en fonction de ces changements pour respecter la règle présentée p. 17 ou **loi dite « de limitation »**. Par exemple, la terminaison du féminin pluriel (nominatif) –αι est brève alors qu'au singulier, elle est souvent longue : –ᾱ ou –η.

- Remarquez l'accent dans ἡ μεγίστη χώρᾱ, *le vaste pays* et au pluriel αἱ μέγισται χῶραι.

- Quelques exemples :
  — ἡ μεγίστη (sing.)
  → μέγισται (plur.)
  — αἱ χῶραι (plur.)
  → ἡ χώρᾱ (sing.)
  — αἱ ὧραι (plur.)
  → ἡ ὥρᾱ (sing.)
  — αἱ νῖκαι (plur.)
  → ἡ νίκη (sing.)

Vocabulaire

ὁ θάνατος
[ᴴo-tʰ**a**natos]
la mort

ἡ τέχνη
[ᴴèè-t**é**kʰnèè]
l'art, le savoir-faire

ἀρχαῖος –α –ον
[arkʰ**a**ïos]
antique (primitif), ancien

ῥᾴδιος –ᾱ –ον
[rʰ**aï**dios] facile

κοινός –ή –όν
[koïn**o**s] *commun*

 Complétez le tableau avec les adjectifs au masculin (deuxième colonne) et au féminin (troisième colonne). Faites les accords singulier/pluriel nécessaires.

ADJECTIF	MASCULIN	FÉMININ
a. ξανθός –ή –όν	.... οὔκ εἰμι	.... οὔκ εἰμι
b. αἰσχρός –ά –όν	.... εἶ	.... εἶ
c. μόνος –η –ον	.... ἐστί(ν)	.... ἐστί(ν)
d. ἰσχυρός –ά –όν	.... ἐσμεν	.... ἐσμεν
e. ἱλαρός –ά –όν	.... οὐκ ἐστέ	.... οὐκ ἐστέ
f. λαμπρός –ά –όν	.... εἰσι(ν)	.... εἰσι(ν)

CHAPITRE 6 : LES ADJECTIFS EN -ΟΣ -Η/-Α -ΟΝ

3 Révisez le nominatif et l'accusatif des adjectifs, puis complétez les mots croisés par les traductions grecques des adjectifs suivants.

1. *bons* (nom. m. pl.)
2. *immortelle* (nom. f. sing.)
3. *gaies* (nom. f. pl.)
4. *facile* (acc. n. sing.)
5. *heureux* (acc. n. pl.)
6. *mortelle* (acc. f. sing.)
7. *ancienne* (nom. f. sing.)
8. *amie* (nom. f. sing.)
9. *communs* (acc. m. pl.)

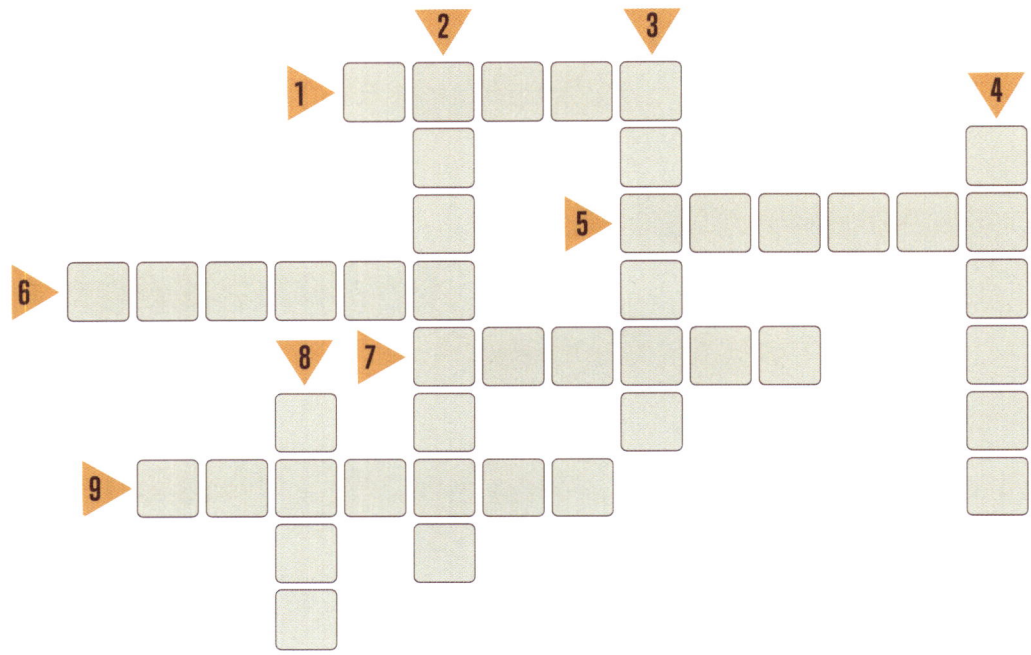

4 Traduisez en grec les phrases suivantes. Pour vous aider, l'adjectif est indiqué entre parenthèses.

a. *La belle* (**καλός –ή –όν**) *saison.*

. . . .

b. *Un savoir-faire difficile* (**χαλεπός –ή –όν**).

. . . .

c. *La jeune fille est joyeuse* (**ἄσμενος –η –ον**) *et chante.*

. . . .

d. *La déesse est immortelle* (**ἀθάνατος –ος –ον**).

. . . .

CHAPITRE 6 : LES ADJECTIFS EN -ΟΣ -Η/-Α -ΟΝ

5 Exercice facultatif d'accentuation : recopiez les phrases en complétant l'accentuation des mots en couleur.

a. Οἱ ἵπποι μικροι εἰσιν.

Les chevaux sont petits.

....

b. Ἄγγελος οὐκ εἰμι.

Je ne suis pas un messager.

....

c. Ἡ κόρη καὶ ὁ παῖς ἱλαροι εἰσιν.

La jeune fille et le garçon sont joyeux.

....

d. Ἐστιν οἶκος.

Il y a une propriété.

....

e. Ἄρα ἱππος ἐστιν;

Est-ce que c'est un cheval ?

....

f. Ἐστιν ἀγρὸς ἀλλὰ οἰκία οὐκ ἐστιν.

Il y a une campagne, mais pas de maison.

....

6 Identifiez les mots grecs qui composent les mots français suivants.

a. *Philippe*

b. *Théophile*

c. *philosophe*

d. *hydrophile*

e. *koïnè (la)*

f. *technocrate*

Bravo, vous avez terminé un nouveau chapitre ! Il est maintenant temps de comptabiliser les icônes et de reporter le résultat en page 128 pour l'évaluation finale.

L'accusatif et le vocatif

Le complément d'objet : l'accusatif

- Dans la phrase **ὁ παῖς θαυμάζει τὸν καλὸν ἵππον**, *l'enfant admire le beau cheval*, *le cheval* est le complément d'objet (direct) du verbe ; il est à l'accusatif.
- L'article et l'adjectif épithète s'accordent en genre, en nombre et en cas avec le nom auquel ils se rapportent.

	ACCUSATIF SINGULIER
m.	τὸν καλὸν ἵππον
	τὸν ἰσχυρὸν ἀθλητήν
f.	τὴν καλὴν ᾠδήν
	τὴν καλὴν οἰκίαν
n.	τὸ καλὸν ῥόδον
	ACCUSATIF PLURIEL
m.	τοὺς καλοὺς ἵππους
	τοὺς ἰσχυροὺς ἀθλητάς
f.	τὰς καλὰς ᾠδάς
	τὰς καλὰς οἰκίας
n.	τὰ καλὰ ῥόδα

- Notez que le neutre possède la même forme au nominatif et à l'accusatif : **τὸ καλὸν ῥόδον** (nom. ou acc. sing.), **τὰ καλὰ ῥόδα** (nom. ou acc. plur.).
- Le –ᾰ du neutre pluriel est bref et la position de l'accent peut donc distinguer l'adjectif féminin en –ᾱ (long) du neutre pluriel en –ᾰ (bref). Exemple : ῥᾳδία, *facile* (f. sing.) et ῥᾴδια, *faciles* (n. pl.).
- La fonction du mot dans la phrase grecque est indiquée par la terminaison des substantifs et des verbes, c'est pourquoi **l'ordre des mots** y est beaucoup plus libre qu'en français : **ὁ παῖς θαυμάζει τὸν καλὸν ἵππον** et **τὸν καλὸν ἵππον θαυμάζει ὁ παῖς** ont le même sens.

Vocabulaire

ἡ λύρᾱ
[ᴴèè-lᵘraa]
la lyre

ἀκούει
[akouᵒᵘéé]
il/elle écoute

θαυμάζει
[tᴴaoumᵃzdéé] il/elle admire

θαυμάζομεν
[tᴴaoumᵃzdomèn] nous admirons

θαυμάζουσι(ν)
[tᴴaoumᵃzdousi·n] ils/elles admirent

CHAPITRE 7 : L'ACCUSATIF ET LE VOCATIF

1. Cochez la case correspondant au bon article défini.

a. Ἡ κόρη ἔχει ... καλὴν λύραν.
- [ ] τὰς
- [ ] τὴν
- [ ] τὸν

b. Ὁ παῖς θαυμάζει ... ποιητήν.
- [ ] τοὺς
- [ ] τὰ
- [ ] τὸν

c. Θαυμάζομεν ... ἰσχυροὺς ἀθλητάς.
- [ ] τὸν
- [ ] τὰς
- [ ] τοὺς

d. Οἱ ποιηταὶ θαυμάζουσι ... Ὅμηρον.
- [ ] τὰ
- [ ] τὸν
- [ ] τὸ

Vocabulaire

ἡ φωνή
[Ἡèè-pʰonèè̀] la voix

ὁ δοῦλος
[Ἡo-doūoulos] l'esclave

ἡ ἐπιθῡμίᾱ
[Ἡèè-épitʰuumíaa] le désir, le souhait

ἡ φιλίᾱ
[Ἡèè-pʰilíaa] l'amitié

ὁ φίλος, ἡ φίλη
[Ἡo-pʰílos Ἡèè-pʰílèè] l'ami, l'amie

ἄθλιος –α –ον
[aátʰlios] malheureux, misérable

ἔχει
[ékʰéé] il/elle possède, il/elle tient

ἔχομεν
[ékʰomén] nous avons, nous possédons

ὁρᾷ
[Ἡoráaï] il/elle voit

διώκει
[dioókéé] il/elle poursuit

φεύγει
[pʰéougéé] il/elle fuit

2. Cochez le bon cas. Il peut y avoir plusieurs possibilités. Exemple : a.

	nominatif sing.			nominatif plur.			accusatif sing.			accusatif plur.		
	m.	f.	n.	m.	f.	n.	m.	f.	n.	m.	f.	n.
a. αἰσχρά		✓				✓						✓
b. ἱλαράς												
c. λαμπροί												
d. μόνον												
e. ξανθούς												
f. ἀθλία												

CHAPITRE 7 : L'ACCUSATIF ET LE VOCATIF

3 Choisissez les terminaisons appropriées et placez ensuite les accents.

a. Ἔχει ὁ ποιητ___ λύρ___ καλ___ .

b. Οὐχ ὁρᾷ τὰ μικρ___ ζῷ___ ὁ γεωργ___ .

c. Ἔχομεν ἰσχυρ___ ἐπιθυμί___ .

d. Τοὺς ἀθλί___ δούλ___ οὐ θαυμάζομεν.

e. Τὰ ῥόδ___ οὐκ ἀθάνατ___ ἐστιν.

Terminaisons : αν, α, ην, ης, ος, ους

4 Traduisez les phrases de l'exercice précédent.

a. ....
b. ....
c. ....
d. ....
e. ....

Le vocatif

- Le vocatif est le cas utilisé lorsqu'on s'adresse à une personne ou qu'on l'appelle.
- Le nom est souvent précédé de la particule ὦ *(ô)* que l'on peut rendre en français par *ô… !* mais que, généralement, on ne traduit pas.
- Dans de nombreux cas, les formes du nominatif et du vocatif singulier sont identiques ; **au pluriel, elles sont toujours semblables**.

- Parmi celles qui diffèrent, il y a les masculins en **-ος** et en **-ης** :
  — ὁ ποιητής → ὦ ποιητά, *(ô) poète !*
  → ὦ ποιηταί, *(ô) poètes !*
  — ὁ φίλος → ὦ φίλε, *(cher) ami !*
  → ὦ φίλοι, *(chers/les) amis !*

- Parmi les mots que vous connaissez, notez également le vocatif de :
  — ὁ παῖς → Ὦ παῖ *Garçon ! Petit !*
  — ὁ Ζεύς → Ὦ Ζεῦ *Ô Zeus !*
  — ἡ πόλις → Ὦ πόλι *Ô ville ! Chère ville !*

CHAPITRE 7 : L'ACCUSATIF ET LE VOCATIF

Vocabulaire

ὁ οἰκέτης
[Ho-oïkétèès]
le domestique, le serviteur

ὁ κυνηγέτης
[Ho-kunèègétèès]
le chasseur (avec des chiens)

τὸ θηρίον
[to-tHèèrío·n]
la bête
(féroce ou sauvage)

θηρᾶς
[tHèèraaïs] tu chasses

κάλλιστος –η –ον
[kallistos] très beau/belle

μόνον (adv.)
[mono·n] seulement

γάρ
[gar] car, en effet

ὡς
[Hoos] comme… !, que… ! (exclamation)

γυμνάζεται
[gumnazdétaï]
il/elle s'exerce
(dans le gymnase)

διώκεις
[diookéés]
tu poursuis

ἐπαινεῖ
[épaïnéé]
il/elle fait l'éloge,
il/elle approuve

5 Mettez les mots entre crochets au genre et au cas voulus.

a. Ἡ [πόλις] οὐ μόνον [μέγιστος] ἐστίν, ἀλλὰ καὶ [κάλλιστος].
— Ὦ [πόλις] φίλη, ὡς καλλίστη εἶ.

....

....

b. Ὁ [ἀγαθὸς] [ἀθλητὴς] γυμνάζεται.

....

c. — Ὦ [ἀθλητής], ὡς [ἰσχυρὸς] εἶ.

....

d. Ὁ [κυνηγέτης] διώκει [δεινὸς] θηρία.

....

e. — Ἆρα θηρᾶς μόνον [δεινὸς] θηρία,
ὦ [κυνηγέτης];

....

f. Ὁ [παῖς] καλός ἐστιν. — Ὦ [παῖς], [καλὸς] εἶ.

....

CHAPITRE 7 : L'ACCUSATIF ET LE VOCATIF

6 Traduisez les phrases de l'exercice précédent.

a. ....

b. ....

c. ....

d. ....

e. ....

f. ....

....

7 Identifiez les mots grecs qui composent les mots français suivants.

a. *cynégétique*

b. *économie (oï- > œ- > é-)*

c. *gymnastique*

d. *lyrique*

e. *thaumaturge*

f. *polyphonie*

Bravo, vous avez terminé un nouveau chapitre ! Il est maintenant temps de comptabiliser les icônes et de reporter le résultat en page 128 pour l'évaluation finale.

Le présent des verbes en -ω et -μαι

Les verbes en -ω

- Les verbes grecs peuvent être classés en deux groupes en fonction de la terminaison de la 1re personne du singulier du présent de l'indicatif actif :

  — le groupe des verbes terminés en **-ω** comme **θαυμάζω**, *j'admire* ; **γράφω**, *j'écris* ; **ἔχω**, *j'ai (je possède, je tiens)* et **ἀκούω**, *j'entends / j'écoute* ;

  — le groupe des verbes comme **εἰμι**, *je suis* (que nous avons déjà vu) ; **δίδωμι**, *je donne* et **δείκνυμι**, *je montre*, terminés en **-μι** ; nous les verrons plus loin.

ἔχω	je possède	ἔχομεν	nous possédons
ἔχεις	tu possèdes	ἔχετε	vous possédez
ἔχει	il/elle possède	ἔχουσι(ν)	ils/elles possèdent

- Les verbes comme **ὁρᾷς**, *tu vois* et **ἐπαινεῖ**, *il/elle fait l'éloge* sont quant à eux accentués sur la terminaison **-ῶ** : **ὁρῶ**, *je vois* ; **ἐπαινῶ**, *je fais l'éloge, j'approuve*.

Les pronoms personnels

- Le grec n'utilise le pronom personnel sujet que pour marquer l'insistance : **ἐγὼ θαυμάζω**, *moi, j'admire*.

- Les pronoms personnels sujets (nominatif) sont :

  ἐγώ, *je/moi* ; **σύ**, *tu/toi*, ; **ἡμεῖς**, *nous* et **ὑμεῖς**, *vous* (toujours pluriel).

  Pour la troisième personne (nominatif), le grec utilise des pronoms-adjectifs comme **ὅδε** (m.), **ἥδε** (f.), **τόδε** (n.), *ce/cette, celui-ci/celle-ci, il/elle*.

I Traduisez en grec les phrases suivantes.

a. *Tu poursuis.* ....

b. *Elle chante.* ....

c. *Toi, tu admires.* ....

d. *Vous, vous fuyez.* ....

e. *Il joue.* ....

f. *Nous écoutons.* ....

g. *Moi, j'écris.* ....

h. *Elles courent.* ....

CHAPITRE 8 : LE PRÉSENT DES VERBES EN -Ω ET -ΜΑΙ

2 Complétez les colonnes en inscrivant les mots en couleur selon leur type : les substantifs avec l'article, les adjectifs et les verbes (exemple : a.).

	substantif (nominatif sing.)	adjectif (masc., fém., neut.)	verbe (1ʳᵉ pers.)
a. — Ἆρα, ὦ κόρη, ἀσμένη εἶ; — Ἀσμένη εἰμί.	ἡ κόρη	ἄσμενος -η -ον	εἰμί
b. — Ἆρα παίζετε, ὦ παῖδες; — Οὐ παίζομεν, ἀλλὰ γὰρ γράφομεν.			
c. Οὐ μόνον ᾄδουσιν οἱ ποιηταί, ἀλλὰ καὶ γράφουσιν.			
d. — Ὦ ναῦτα, οὐχ ὁρᾷς τὴν σελήνην; — Οὐκ ἔστιν σελήνη.			
e. Ἡ Ἀθηνᾶ τὴν λαμπρὰν νίκην ἐπαινεῖ.			

Vocabulaire

λέγω [légoo] je dis

βαδίζω [badizdoo] je marche, je vais

χορεύω [kʰoréouoo] je danse

γιγνώσκω [gig·noºskoo] je (re)connais

διαλέγομαι [dialégomaï] je converse

μάχομαι [makʰomaï] je combats, je lutte

3 Recollez ces *ostraca* dans l'ordre pour former des verbes conjugués et recopiez-les en minuscules accentuées.

ΤΡΕΧΕ | ΜΕΝ
ΠΑΙΖΕ | ΟΥΣΙΝ
ΛΕΓΟ | ΤΕ
ΓΙΓΝΩΣΚΕ | ΜΕΝ
ΒΑΔΙΖ | ΤΕ
ΧΟΡΕΥΟ | ΤΕ

. . . .

. . . .

. . . .

CHAPITRE 8 : LE PRÉSENT DES VERBES EN -Ω ET -ΜΑΙ

Les verbes en -μαι

- Les verbes qui, au présent de l'indicatif, ont les terminaisons **–εται** au lieu de **–ει** (3ᵉ pers. sing.) comme **ἔρχεται**, *il/elle va/vient* ou **–ονται** au lieu de **–ουσιν** (3ᵉ pers. plur.) comme **ἐργάζονται**, *ils/elles travaillent*, sont des verbes « moyens » par opposition aux verbes actifs ; ils sont donc à la voix moyenne.

- Outre la voix active (le sujet fait l'action) et passive (le sujet subit l'action), il existe donc en grec une voix moyenne. Elle indique que le sujet fait l'action pour lui-même ou dans son intérêt. La voix moyenne correspond assez souvent à la forme pronominale en français : **Γυμνάζουσι τὸ σῶμα καὶ τὴν ψυχήν**, *ils/elles exercent leur (le) corps et leur (l')âme* ; **Γυμναζονται**, *ils/elles s'exercent*.

- Certains verbes (ex. : **ἔρχομαι**, *je vais/viens* ; **ἐργάζομαι**, *je travaille* ; **γίγνομαι**, *je deviens*) n'existent qu'à la forme moyenne. Certains verbes actifs en français ont une forme moyenne en grec.

- Les terminaisons moyennes **–μαι** suivent le même modèle :

ἔρχομαι	je vais	ἐρχόμεθα	nous allons
ἔρχῃ / –ει	tu vas	ἔρχεσθε	vous allez
ἔρχεται	il/elle va	ἔρχονται	ils/elles vont

- Certains verbes, comme **πείθω**, *je persuade*, ont un sens assez différent à la voix active et la voix moyenne : **πείθομαι**, *j'obéis*.

- Les verbes seront présentés par la suite comme dans les dictionnaires, à la première personne du présent de l'indicatif actif.

---

4 Reliez chaque pronom personnel à la forme conjuguée correspondante.
Un pronom peut avoir plusieurs combinaisons et méfiez-vous des incompatibilités !

a. αἵδε •   • μάχονται
b. ἐγώ •   • ἐργάζει
c. ἡμεῖς •   • ἔρχονται
d. ὅδε •   • διαλέγομαι
e. σύ •   • ἐρχόμεθα
f. τάδε •   • ἔστι(ν)
g. τόδε •   • πείθεσθε
h. ὑμεῖς •   • διαλέγεσθε
i. ἥδε •   • γυμνάζεται
j. οἵδε •   • ᾄδει

CHAPITRE 8 : LE PRÉSENT DES VERBES EN -Ω ET -ΜΑΙ

La disparition du -σ-

- Les terminaisons moyennes « pleines » à retenir sont :
  –μαι –σαι –ται –μεθα –σθε –νται.
- Celle de la 2ᵉ personne du singulier a subi des transformations importantes du fait de la disparition du –σ– entre les voyelles ε et α (« sigma intervocalique »), disparition qui conduit à une contraction εα–ι → η–ι → ῃ : ἔρχε·σαι → ἔρχε·αι → ἔρχεαι → ἔρχῃ (parfois ἔρχει).

5 Entourez les formes moyennes.

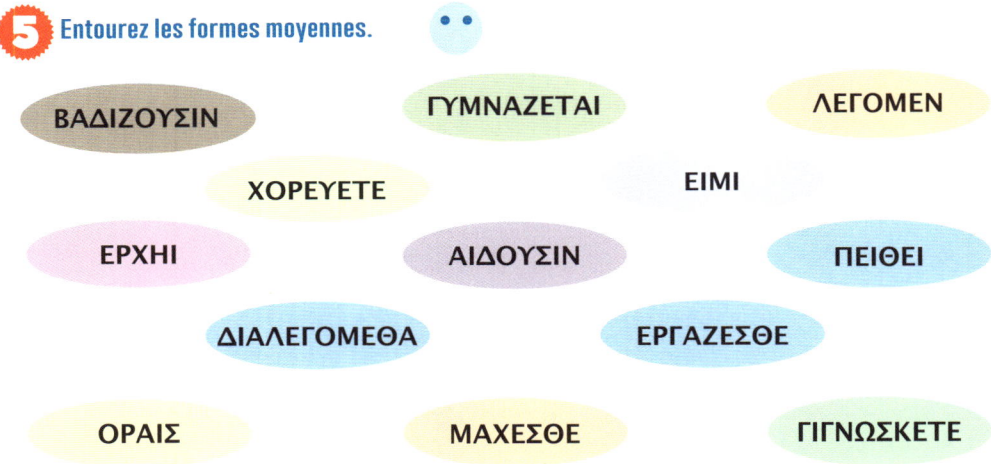

ΒΑΔΙΖΟΥΣΙΝ — ΓΥΜΝΑΖΕΤΑΙ — ΛΕΓΟΜΕΝ — ΧΟΡΕΥΕΤΕ — ΕΙΜΙ — ΕΡΧΗΙ — ΑΙΔΟΥΣΙΝ — ΠΕΙΘΕΙ — ΔΙΑΛΕΓΟΜΕΘΑ — ΕΡΓΑΖΕΣΘΕ — ΟΡΑΙΣ — ΜΑΧΕΣΘΕ — ΓΙΓΝΩΣΚΕΤΕ

6 Recopiez les formes moyennes de l'exercice précédent en minuscules.
Exercice facultatif : accentuez les verbes.

CHAPITRE 8 : LE PRÉSENT DES VERBES EN -Ω ET -ΜΑΙ

7 Chaque syllabe permet de former un verbe au présent. Identifiez les verbes en vous aidant des indices (forme du ς final, esprits, accents...) (exemple : a.).

a. γυ ζει μνά	γυμνάζει	d. χε ἔρ ται	. . . .
b. γό δια με λε θα	. . . .	e. θε μά χεσ	. . . .
c. γά ται ζον ἐρ	. . . .	f. ται πεί θον	. . . .

8 Identifiez les mots grecs qui composent les mots français suivants.

a. *gynécologue*

b. *dialogue*

c. *gynécée*

d. *acoustique*

e. *chorégraphie*

f. *dialecte*

g. *pronostic*

h. *psychosomatique*

Bravo, vous avez terminé un nouveau chapitre ! Il est maintenant temps de comptabiliser les icônes et de reporter le résultat en page 128 pour l'évaluation finale.

Le génitif – Les prépositions

Le complément de nom : le génitif

- Dans la phrase **ὁ ἵππος τοῦ γεωργοῦ**, *le cheval du cultivateur*, « du cultivateur » est le complément du nom « cheval » ; il est au génitif. Contrairement au français, le grec n'utilise pas ici de préposition.

- L'ordre habituel des mots est **ὁ τοῦ γεωργοῦ ἵππος**, où le complément est enclavé entre l'article et le nom auquel il se rapporte.

- Le génitif est également utilisé dans d'autres constructions, après certains verbes, certains adjectifs et certaines prépositions pour introduire le complément :

  — **ὁ δεσπότης ἄρχει τῶν οἰκετῶν**, *le maître dirige (commande) les domestiques* ;

  — **ὁ ἵππος ἔρχεται ἀπὸ τοῦ ἀγροῦ**, *le cheval vient du champ* ;

  — **ὁ δεσπότης ἔχει ἵππον ἄξιον θέας**, *le maître possède un cheval digne d'admiration (contemplation)*.

- L'article (défini) et l'adjectif épithète s'accordent en genre, en nombre et en cas avec le nom auquel ils se rapportent.

GÉNITIF SINGULIER	
m.	τοῦ καλοῦ ἵππου
	τοῦ ἰσχυροῦ ἀθλητοῦ
f.	τῆς καλῆς ᾠδῆς
	τῆς καλῆς οἰκίας
n.	τοῦ καλοῦ ῥόδου
GÉNITIF PLURIEL	
m.	τῶν καλῶν ἵππων
	τῶν ἰσχυρῶν ἀθλητῶν
f.	τῶν καλῶν ᾠδῶν
	τῶν καλῶν οἰκιῶν
n.	τῶν καλῶν ῥόδων

- Toutes les terminaisons du génitif pluriel sont en **–ων** ; pour les substantifs féminins, l'accent est sur la finale **–ῶν**.

- Les terminaisons **–ου** et **–ων** étant longues, l'accentuation des autres mots peut changer du fait de la loi de limitation : **ὁ ἄνθρωπος → τοῦ ἀνθρώπου → τῶν ἀνθρώπων**.

CHAPITRE 9 : LE GÉNITIF – LES PRÉPOSITIONS

Vocabulaire

ἡ γυνή (pl. γυναῖκες)
[ᴴèè-gunèè̱] la femme

ἡ ἑορτή
[ᴴèè-ᴴéortèè̱] la fête

ἡ θέᾱ [ᴴèè-tᴴé̱aa]
objet de contemplation

ὁ ἀνήρ (pl. ἄνδρες)
[ᴴo-anèè̱r] l'homme
(par. opp. à la femme)

ὁ δεσπότης
[ᴴo-déspo̱tèès]
le maître, le propriétaire

ὁ κύων (pl. κύνες)
[ᴴo-kṳoo·n]
le chien

αἱ Ἀθῆναι (pl.)
[ᴴaï-atᴴèè̱naï] Athènes (cité)

ὁ Ἀλέξανδρος
[ᴴo-aléksa·ndros] Alexandre

ὁ Βουκέφαλος
[ᴴo-bououké̱pᴴalos]
Bucéphale

ὁ Μινώταυρος
[ᴴo-minoo̱taouros]
le Minotaure

ἄξιος –α –ον (+ gén.)
[a̱ksios] digne de, méritant

ἄρχω (+ gén.)
[a̱rkᴴoo]
je dirige, je commande

φαίνω
[pᴴaï̱noo] je fais paraître,
je brille (pour un astre)

ἔρχομαι
[é̱rkᴴomaï] je vais, je viens

μετέχω (+ gén.)
[météḵᴴoo] je participe à

ἐπιθῡμῶ (+ gén.)
[épitᴴuumo̱o]
je désire

ἀκούω
[akouo̱uoo] (+ gén. de la personne) ou (+ acc. de la chose)
j'entends, j'écoute

❶ Dans les inscriptions antiques, les mots n'étaient pas séparés dans les phrases. Recopiez ces phrases en minuscules accentuées et en séparant les mots.

a. ΟΥΧΟΔΟΥΛΟΣΑΡΧΕΙΑΛΛΑΟΔΕΣΠΟΤΗΣ

b. ΟΚΑΛΛΙΣΤΟΣΑΧΙΛΛΕΥΣΟΥΚΑΘΑΝΑΤΟΣΕΣΤΙΝ

c. ΟΚΥΝΗΓΕΤΗΣΔΙΩΚΕΙΤΑΘΗΡΙΑ

d. ΟΜΑΘΗΤΗΣΘΑΥΜΑΖΕΙΤΗΝΤΗΣΚΟΡΗΣΛΥΡΑΝ

e. ΤΙΣΕΡΧΕΤΑΙΑΠΟΤΗΣΣΕΛΗΝΗΣ

CHAPITRE 9 : LE GÉNITIF – LES PRÉPOSITIONS

Les prépositions

- Les prépositions introduisent un complément. Certaines sont suivies d'un seul même cas comme **ἐκ** (**ἐξ** devant voyelle) + gén. et **εἰς** + acc. Pour d'autres, cependant, on peut choisir le cas selon le sens, comme **διά** + gén./acc. et **μετά** + gén./acc. :

	+ ACCUSATIF	+ GÉNITIF
ἀπό		de (éloignement), *du fait de* (cause)
διά	à cause de	à travers, pendant
εἰς	vers, en, dans (mouvement)	
ἐκ/ἐξ		hors de, à partir de
μετά	après	avec, accompagné(e) de
παρά	le long de, auprès de (chez)	en venant de (chez), de la part de
περί	autour de, aux environs de	au sujet de, à propos de

2 Mettez les mots entre crochets au cas voulu.

a. Ὁ Βουκέφαλος ὁ τοῦ [Ἀλέξανδρος] ἵππος [θέα] ἄξιός ἐστιν.
Bucéphale, le cheval d'Alexandre, mérite d'être contemplé.

b. Ὦ [δεσπότης], τίς ἔρχεται ἀπὸ τοῦ [ἀγρός] μετὰ κυνῶν;
Maître ! Qui vient de la campagne avec des chiens ?

c. Οὐχ [ἥλιος] ἀλλὰ [σελήνη] ὁρᾷ ἡ κόρη.
Ce n'est pas le soleil que la jeune fille voit mais la lune.

d. Ὦ [κυνηγέτης], ἆρα θηρᾷς παρὰ τὸν [ποταμός];
[Eh] chasseur, est-ce que tu chasses le long du fleuve ?

e. Τὴν τῶν [Ἀθῆναι] ἀκρόπολιν θαυμάζομεν.
On admire (nous admirons) l'Acropole d'Athènes.

CHAPITRE 9 : LE GÉNITIF – LES PRÉPOSITIONS

3 Mettez les phrases suivantes au singulier.

a. Οἱ γεωργοὶ ἔρχονται ἀπὸ τῶν ἀγρῶν μετὰ τῶν ἵππων.
Les cultivateurs viennent des champs avec leurs (les) chevaux.

. . . .

b. Ἀπὸ τῶν πολέμων ἄθλιοι οἱ παῖδες.
Les enfants sont malheureux à cause des guerres.

. . . .

c. Ἄνδρες καὶ γυναῖκες μετέχουσι τῆς ἑορτῆς.
Les hommes et les femmes participent à la fête.

. . . .

d. Οἱ οἰκέται εἰς τὰς Ἀθήνας ἔρχονται μετὰ τῶν ἵππων.
Les domestiques vont à Athènes avec les chevaux.

. . . .

4 L'ordre des mots dans la phrase grecque est plus libre qu'en français. Cochez la bonne traduction.

a. Τοῦ πολέμου οἱ παῖδες οὐ μετέχουσιν ἀλλὰ τὸν πόλεμον παίζουσιν.
☐ Les garçons ne prennent pas part à la guerre mais jouent à la guerre.
☐ Les enfants ne participent pas au jeu à cause de la guerre.
☐ Les enfants de la guerre ne participent pas au jeu de la guerre.

b. Καὶ ἡ τῶν Ἀθηνῶν ἀκρόπολις θέας ἀξία ἐστίν.
☐ L'Acropole d'Athènes mérite aussi la contemplation.
☐ Athéna est aussi la digne déesse de l'Acropole.
☐ L'Acropole est aussi digne de la déesse Athéna.

c. Θαυμάζει τὸν τοῦ δεσπότου καλὸν ἵππον ὁ παῖς.
☐ Le garçon admire le beau cheval du maître.
☐ Le beau cheval du maître enchante le garçon.
☐ Le fils du maître admire le beau cheval.

CHAPITRE 9 : LE GÉNITIF – LES PRÉPOSITIONS

Vocabulaire

ὁ Ἕλλην
(pl. οἱ Ἕλληνες)
[ᴴo-ᴴélèèn]
le Grec

ἡ Αἴγυπτος
(f. en –ος, suit le modèle ἄνθρωπος)
[ᴴèè-aïguptos]
l'Égypte

τὸ πῦρ
(pl. τὰ πῠρά)
[to-puur / ta-pura]
le feu

5 Complétez les phrases grecques en vous basant sur la traduction française.

a. Εἰς θέαν Αἰγύπτου ἔρχονται . . . .
   Les Grecs viennent pour contempler (la contemplation de) l'Égypte.

b. Αἱ γυναῖκες οὐ μετέχουσι . . . .
   Les femmes ne prennent pas part à la guerre.

c. Ὁ ἀθλητὴς τρέχει παρὰ . . . .
   L'athlète court le long du fleuve.

d. Ἡ σελήνη μετὰ . . . . φαίνεται.
   La lune apparaît après le soleil.

6 Mettez les phrases suivantes au pluriel.

a. Τὸ ζῷον φεύγει τὸν κυνηγέτην.
   L'animal fuit le chasseur.

. . . .

b. Ὁ ποιητὴς ᾄδει φιλίαν ἰσχυράν.
   Le poète chante l'amitié forte.

. . . .

c. Ὁ γεωργὸς ἔρχεται εἰς τὸν ἀγρὸν μετὰ τοῦ ἵππου.
   Le cultivateur vient dans le champ avec son (le) cheval.

. . . .

d. Καὶ τὸ θηρίον τὸ δεινὸν φεύγει τὸ πῦρ.
   Même la terrible bête sauvage fuit le feu.

. . . .

ΤΟ ΖΟΙΟΝ ΦΕΥΓΕΙ

CHAPITRE 9 : LE GÉNITIF – LES PRÉPOSITIONS

Nos racines

Un mot composé du préfixe ἀ(ν)–, dit *a* privatif, indique l'absence de la notion contenue dans la racine du mot : ἀ(ν)– *absence de* + ἄρχων, *commandant, chef* → ἄναρχος -ος -ον (adj.), *sans chef, sans maître* (voir aussi p. 34).

7 Identifiez les mots grecs qui composent les mots français suivants.

a. *André*

b. *Catherine*

c. *androgyne*

d. *diagnostic*

e. *despotique*

f. *théâtre*

g. *pyrotechnique*

h. *pyromane*

i. *diaphane*

j. *aphone*

Bravo, vous avez terminé un nouveau chapitre ! Il est maintenant temps de comptabiliser les icônes et de reporter le résultat en page 128 pour l'évaluation finale.

Le datif

Le complément d'attribution : le datif

- Dans la phrase **ὁ γεωργὸς παρέχει τροφὴν τῷ ἵππῳ**, *le cultivateur procure de la nourriture à son (au) cheval*, « au cheval » est le complément d'attribution (ou complément d'objet indirect) du verbe « procurer » ; il est au **datif**.

- Le datif est également utilisé :

  — pour le **complément de moyen** (souvent sans prépositions) : **ἡ Ἄρτεμις θηρᾷ τόξῳ**, *Artémis chasse avec un arc* ;

  — après **certains verbes** : **οἱ οἰκέται πείθονται τῷ δεσπότῃ**, *les domestiques obéissent au maître* ;

  — ainsi qu'après **certaines prépositions** indiquant le lieu où l'action se passe : **ὁ γεωργὸς ἐργάζεται ἐν τῷ ἀγρῷ**, *le cultivateur travaille dans le champ*.

- Les prépositions **ἐν**, *en, dans* (sans changement de lieu) ; **ἅμα**, *en même temps que, avec* et **σύν**, *avec (l'aide de)* sont suivies du seul datif. Notez les expressions **ἅμα ἕῳ**, *avec l'aurore* et **ἅμα τῇ ἡμέρᾳ**, *au point du jour*.

- L'article (défini) et l'adjectif épithète s'accordent comme pour les autres cas :

	DATIF SINGULIER
m.	τῷ καλῷ ἵππῳ
	τῷ ἰσχυρῷ ἀθλητῇ
f.	τῇ καλῇ ᾠδῇ
	τῇ καλῇ οἰκίᾳ
n.	τῷ καλῷ ῥόδῳ
	DATIF PLURIEL
m.	τοῖς καλοῖς ἵπποις
	τοῖς ἰσχυροῖς ἀθληταῖς
f.	ταῖς καλαῖς ᾠδαῖς
	ταῖς καλαῖς οἰκίαις
n.	τοῖς καλοῖς ῥόδοις

- Les finales **-ῳ**, **-οις** et **-αις** étant longues, l'accentuation des mots peut changer du fait de la loi de limitation : **ὁ ἄνθρωπος → τῷ ἀνθρώπῳ/τοῖς ἀνθρώποις**.

CHAPITRE 10 : LE DATIF

1 Mettez au datif (singulier ou pluriel) les expressions suivantes.

a. ὁ ἀγαθὸς ἀθλητής
le bon athlète

....

c. οἱ ἰσχυροὶ γεωργοί
les cultivateurs vigoureux

....

b. τὰ δεινὰ θηρία
les terribles bêtes sauvages

....

d. ἡ καλὴ λύρα
la belle lyre

....

2 Inscrivez les mots au nominatif singulier dans la colonne correspondant au genre et ajoutez-y l'article. Dans la dernière colonne, donnez la traduction (exemple : a.).

	NOMINATIF SINGULIER			TRADUCTION
	masculin	féminin	neutre	
a. λίθῳ	ὁ λίθος			la pierre
b. θεῶν				
c. ῥόδων				
d. γῇ				
e. ἀγκυρῶν				
f. ἀθληταῖς				
g. οἴκῳ				
h. θηρία				

3 Complétez les phrases avec l'adjectif qui convient (sens et accord).

ἀγαθοὺς   δεινῷ   καλλίστων   ἀγαθὸν   χαλεπὸν
χαλεπὰ   καλὴν   μεγίστη   καλῇ   δεινοῖς   μεγίστου
καλλίσταις

a. τοῖς .... ζῴοις

b. τοὺς .... ἀνθρώπους

c. τῇ .... λύρᾳ

d. τὰ .... ἔργα

e. ταῖς .... κόραις

f. τοῦ .... θεοῦ

CHAPITRE 10 : LE DATIF

Les prépositions

- **ἐπί** (+ datif), *sur, à cause de* ;
  πρός (+ accusatif), *vers, dans la direction de, envers.*
- **Le datif** est employé avec certaines prépositions indiquant un lieu où se passe une action statique, tandis que l'accusatif indique le changement de lieu. Exemples :

  — **Ἔρχομαι παρὰ τὸν φίλον** (acc.). *Je vais chez mon (l')ami.*

  — **Παρὰ τῷ φίλῳ** (dat.) **εἰμί.** *Je suis chez mon (l')ami.*

	+ ACCUSATIF (**avec** mouvement)	+ DATIF (**sans** mouvement)
παρά	à côté de ; chez	auprès de ; chez
ὑπό	sous	sous

Préverbes issus de prépositions

- Certaines prépositions comme **εἰσ-, ἀπο-, ἐν-, ἐκ-** (**ἐξ-** devant voyelle) et **δια-** servent de préfixe aux verbes (préverbes) et apportent une précision à l'action :
  — **εἰσ·έρχομαι**, *j'entre dans* ;
  — **ἐξ·έρχομαι**, *je sors* ;
  — **ἀπ·έρχομαι**, *je m'éloigne* ;
  — **ἄπ·ειμι**, *je suis loin de/absent(e)* ;
  — **πάρ·ειμι**, *je suis présent(e), j'assiste* ;
  — **παρ·έχω**, *je fournis, je procure* ;
  — **ἀπ·έχω**, *je me tiens éloigné(e).*
- Le cas du complément suit en général la règle de la préposition.

4 Mettez les phrases suivantes au singulier.

a. **Παρέχομεν ῥόδα ταῖς ἀγαθαῖς θεαῖς.**
Nous offrons des roses aux bonnes déesses.

....

b. **Οἱ Ἕλληνες πείθονται τοῖς θεοῖς.**
Les Grecs obéissent aux dieux.

....

c. **Ἄιδουσιν οἱ μαθηταὶ ᾠδὰς ἀοιδῶν.**
Les élèves chantent les poésies d'aèdes.

....

d. **Χαίρουσιν οἱ ναῦται ἐπὶ ταῖς λαμπραῖς νίκαις.**
Les marins se réjouissent des brillantes victoires.

....

CHAPITRE 10 : LE DATIF

Vocabulaire

ὁ διδάσκαλος
[ᴴo-did**a**skalos]
le maître (enseignant)

ὁ ἀοιδός
[ᴴo-aoï**o**s]
l'aède (poète chanteur)

ἡ Ἄρτεμις
[ᴴèè-**a**rtémis]
Artémis (déesse)

ἡ ἡμέρᾱ
[ᴴèè-ᴴèèm**é**raa] le jour

ἡ τροφή
[ᴴèè-tropᴴè**è**]
la nourriture

τὸ τόξον
[to-t**o**kso·n] l'arc

πείθομαι (+ dat.)
[pé**é**tᴴomaï]
j'obéis (à quelqu'un)

πείθω (+ acc.)
[pé**é**tᴴoo]
je persuade, je convaincs

χαίρω (**ἐπί** + dat.)
[kᴴ**aï**roo]
je me réjouis de

τήμερον
[tè**è**méro·n]
aujourd'hui

5 Cochez la case du verbe approprié.

a. Ὁ δοῦλος .... ἀπὸ τῆς οἰκίας διὰ τὸ πῦρ.
L'esclave s'éloigne en courant de la maison à cause du feu.

☐ ἀπέρχεται
☐ ἀπέχει
☐ ἀποτρέχει

b. .... τήμερον οἱ δεσπόται ἐκ τῆς οἰκίας.
Les maîtres sont absents de la maison aujourd'hui.

☐ Ἄπεισι
☐ Ἀπέρχονται
☐ Ἀπέχουσι

c. Οἱ οἰκέται .... εἰς τὸν οἶκον μετὰ τῶν ἵππων.
Les serviteurs entrent dans le domaine avec les chevaux.

☐ εἰσέρχονται
☐ ἔνεισιν
☐ πάρεστιν

d. Ὁ διδάσκαλος .... λύραν τῇ κόρῃ.
Le maître (enseignant) procure une lyre à la jeune fille.

☐ ἔνεστι
☐ πάρεστι
☐ παρέχει

CHAPITRE 10 : LE DATIF

6 Traduisez en grec (thème d'imitation).

a. Que procurent les dieux terribles aux hommes ?

....

b. Les esclaves obéissent au maître de la propriété.

....

c. Les jeunes filles admirent les poètes lyriques.

....

d. Les athlètes se réjouissent des belles victoires.

....

e. Au point du jour, le navire s'éloigne de l'île.

....

7 Identifiez les mots grecs qui composent les mots français suivants.

a. *épigraphie*

b. *hypogée*

c. *éphémère*

d. *didactique*

Bravo, vous avez terminé un nouveau chapitre ! Il est maintenant temps de comptabiliser les icônes et de reporter le résultat en page 128 pour l'évaluation finale.

Les pronoms personnels

Les 1ʳᵉ et 2ᵉ personnes (non réfléchies)

SINGULIER				
nom.	ἐγώ *je*		σύ *tu*	
acc.	με	ἐμέ	σε	σέ
gén.	μου	ἐμοῦ	σου	σοῦ
dat.	μοι	ἐμοί	σοι	σοί
PLURIEL				
nom.	ἡμεῖς *nous*		ὑμεῖς *vous*	
acc	ἡμᾶς		ὑμᾶς	
gén.	ἡμῶν		ὑμῶν	
dat.	ἡμῖν		ὑμῖν	

- À la différence du français, le grec distingue le pronom non réfléchi (*tu me vois*) du pronom réfléchi (*je me vois*).
- La forme non accentuée (forme enclitique) s'appuie pour l'accent sur le mot précédent.
- La forme accentuée (et avec ἐ- pour la 1ʳᵉ personne) s'emploie lorsqu'on veut souligner le pronom, soit en tête de phrase ou encore après une préposition : Ὁ διδάσκαλος ὁρᾷ με. *Le maître me voit.* → Ἐμὲ ὁρᾷ. *C'est moi qu'il voit.*

1 Mettez le pronom personnel au pluriel (exemple : a.).

a. Λέγε μοι τοῦτον τὸν μῦθον.
Raconte-moi cette histoire !
Λέγε ἡμῖν τοῦτον τὸν μῦθον.

b. Ἐμοῦ ἄκουε.
Écoute-moi !
....

c. Δῆλόν ἐστιν ὅτι οὐ πείθω σε.
Il est évident que je ne te convaincs pas.
....

d. Οἱ παῖδες παίζουσι πρός ἐμέ.
Les enfants se moquent de moi.
....

e. Πείθονταί μοι πάντες οἱ ἐν τῷ οἴκῳ.
Tous ceux qui sont dans mon (le) domaine m'obéissent.
....

f. Σοί ἐστιν ἵππος. *Tu as un cheval.*
....

CHAPITRE 11 : LES PRONOMS PERSONNELS

La 3ᵉ personne (non réfléchie)

- À la 3ᵉ personne et à tous les cas autres que le nominatif, on emploie le pronom **αὐτόν –ήν –ό** dit « pronom de rappel » :
  — θαυμάζω τὸν ἵππον
  — θαυμάζω αὐτόν
  J'admire le cheval → Je l'admire.
  — θαυμάζω τὴν οἰκίαν
  — θαυμάζω αὐτήν
  J'admire la maison → Je l'admire.
  — θαυμάζω τὸ ῥόδον
  — θαυμάζω αὐτό
  J'admire la rose → Je l'admire.
- Les terminaisons du pronom de rappel sont similaires à celles de l'article aux mêmes cas (**τόν τήν τό** ; **τοῦ τῆς τοῦ** ; **τῷ τῇ τῷ** ; etc.).
- Attention ! Le nominatif **αὐτός αὐτή αὐτό** a le sens de *lui-même, elle-même*.

	SINGULIER		
	m.	f.	n.
acc.	αὐτόν	αὐτήν	αὐτό
gén.	αὐτοῦ	αὐτῆς	αὐτοῦ
dat.	αὐτῷ	αὐτῇ	αὐτῷ
	PLURIEL		
acc.	αὐτούς	αὐτάς	αὐτά
gén.	αὐτῶν	αὐτῶν	αὐτῶν
dat.	αὐτοῖς	αὐταῖς	αὐτοῖς

- Le pronom personnel ou un nom au datif + *être* sert à traduire le verbe *avoir* :
  — **τῷ γεωργῷ ἐστι κύων**, *le cultivateur a un chien (au cultivateur est un chien)* ;
  — **κύων ἐστὶν αὐτῷ**, *il a un chien*.

Vocabulaire

ἡ παιδιά, ᾶς
[ᴴèè-païdiaá]
jeu d'enfant

μή (+ impératif)
[mèé] ne... pas !

βλέπε
[bléépé] vois ! (de βλέπω, je vois)

ὁ κλέπτης
[ᴴo-kléptèès] le voleur

τύπτω
[túptoo] frapper

ἡ βακτηρία
[ᴴèè-baktéríaa] le bâton

ὁ πρεσβύτης [ū]
[ᴴo-prézbuútèès]
le vieux, le vieillard

φοβοῦμαι (+ acc.)
[pᴴoboúoumaï]
je crains, j'ai peur de

παίζω πρός (+ acc.)
je me moque de, je raille

παίζετε (impératif)
Jouez !

διώκετε (impératif)
Chassez ! Poursuivez !

ἄκουε (impératif)
Écoute !

φεύγετε (impératif)
Fuyez !

πάντες οἱ...
πᾶσαι αἱ...
πάντα τά... (nom.)
[pántès ᴴoï, páassaï ᴴaï, pánta tá]
tous les, toutes les

τοῦτον
ταύτην
τοῦτο (acc.)
[toúouto·n, taoútèè·n, toúouto]
ce ...-ci, cette ...-ci

CHAPITRE 11 : LES PRONOMS PERSONNELS

2 Remplacez le substantif en couleur par le pronom de rappel (3ᵉ pers.). Exemple : a.

a. Ἡ θεράπαινα ἀκούει τοῦ ἀγγέλου. *La servante écoute le messager.*
Ἀκούει αὐτοῦ.

b. Διώκετε τὸ θηρίον. *Poursuivez la bête [sauvage] !*

c. Οἱ στρατιῶται χαίρουσιν ἐπὶ τῇ νίκῃ. *Les soldats se réjouissent de la victoire.*

d. Οἱ τοῦ ἀγγέλου λόγοι πείθουσιν τὴν θεράπαιναν.
Les paroles du messager convainquent la servante.

e. Ἀκούω τοὺς λόγους. *J'écoute ses (les) propos.*

3 Remplacez le pronom par le nom entre parenthèses et faites l'accord nécessaire (nombre et cas).

a. Οὗτοι οἱ δοῦλοι οὐδὲ φοβοῦνται αὐτούς. (ὁ δεσπότης)
Ces esclaves ne les craignent même pas.

b. Ὁ ἄνεμος ἀποφέρει αὐτάς. (ἡ νεφέλη)
Le vent les emporte.

c. Οἱ οἰκέται ἐξέρχονται ἐξ αὐτῆς. (ἡ οἰκία)
Les serviteurs en sortent.

d. Οἱ κύνες διώκουσιν αὐτούς. (ὁ κλέπτης)
Les chiens les poursuivent.

e. Οἱ παῖδες παίζουσι πρὸς αὐτόν. (ὁ πρεσβύτης)
Les enfants se moquent de lui.

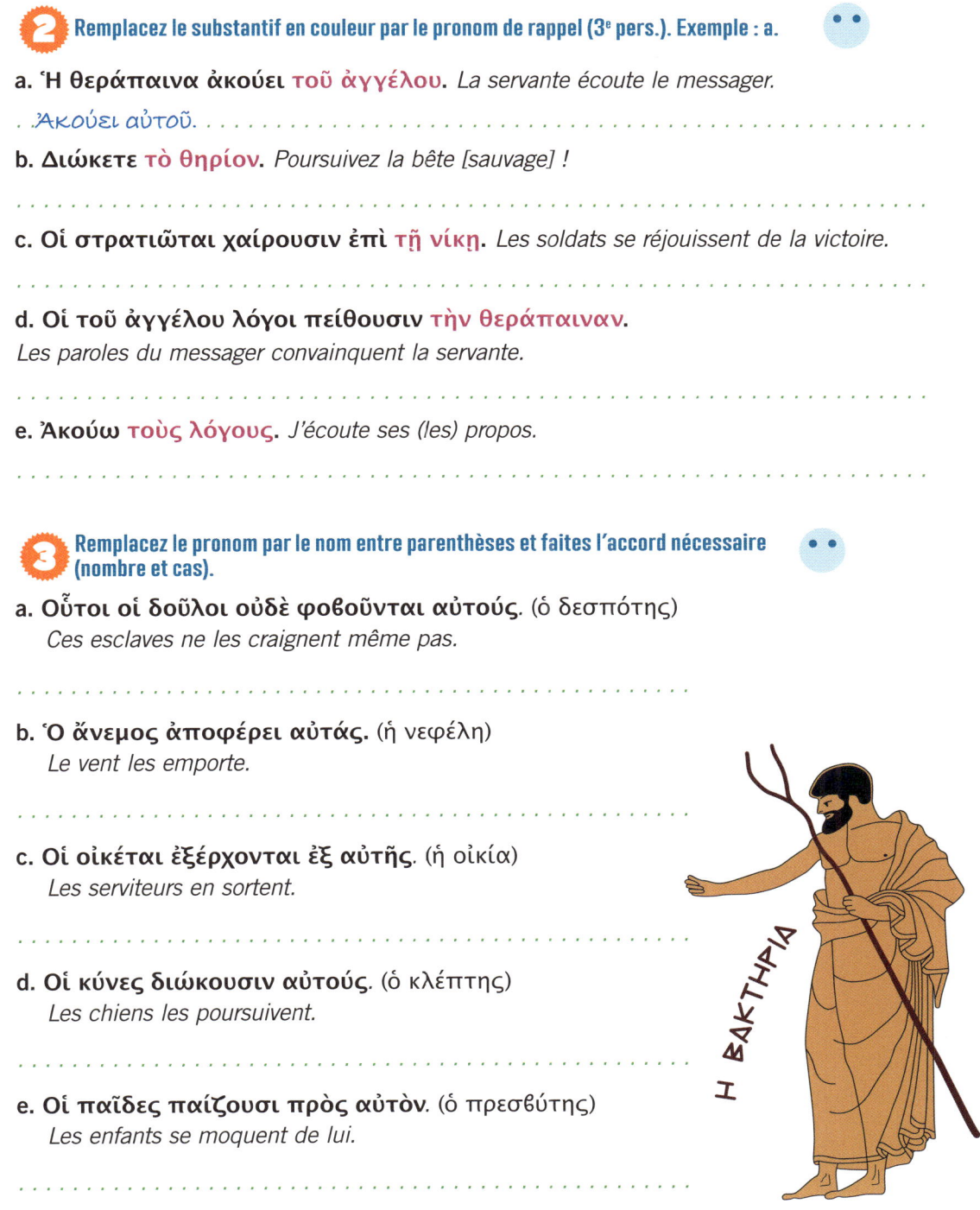

Η ΒΑΚΤΗΡΙΑ

CHAPITRE 11 : LES PRONOMS PERSONNELS

Les pronoms réfléchis

- Le grec emploie le pronom réfléchi comme complément à la place du pronom personnel lorsqu'il fait référence à la même personne que le sujet de la phrase : **ἐμαυτὸν ὁρῶ**, *je me vois (moi-même)*, mais **ὁρᾷ με**, *elle me voit*.

	SINGULIER		
	moi-même (m., f.)	*toi-même* (m., f.)	*lui/elle-même* (m., f., n.)
acc.	**ἐμαυτόν –ήν**	**σ(ε)αυτόν –ήν**	**ἑαυτόν –ήν –ό**
gén.	**ἐμαυτοῦ –ῆς**	**σ(ε)αυτοῦ –ῆς**	**ἑαυτοῦ –ῆς –οῦ**
dat.	**ἐμαυτῷ –ῇ**	**σ(ε)αυτῷ –ῇ**	**ἑαυτῷ –ῇ –ῷ**
	PLURIEL		
	nous-mêmes	*vous-mêmes*	*eux/elles-mêmes*
acc.	**ἡμᾶς αὐτούς –άς**	**ὑμᾶς αὐτούς –άς**	**ἑαυτούς –άς –ά**
gén.	**ἡμῶν αὐτῶν –ῶν**	**ὑμῶν αὐτῶν –ῶν**	**ἑαυτῶν –ῶν –ῶν**
dat.	**ἡμῖν αὐτοῖς –αῖς**	**ὑμῖν αὐτοῖς –αῖς**	**ἑαυτοῖς –αῖς –οῖς**

- Ce pronom est composé du pronom personnel **ἐμ(ἐ)–**, *me*, **σ(ε)–**, *te*, **ἡμᾶς**, *nous*, **ὑμᾶς**, *vous*, d'une ancienne forme du pronom de la 3ᵉ personne **ἕ– [σϝε]**, *soi* et du pronom **αὐτόν** : **ἐμ(ε)·αὐτόν → ἐμαυτόν** ; **σ(ε)·αὐτόν → σ(ε)αυτόν** ; **ἑ·αὐτόν → ἑαυτόν** ou **αὑτόν**.

- Il existe une variante pour la 3ᵉ personne (tous les cas et tous les genres) avec transfert de l'esprit rude (῾) de **ἑ–** sur **αὐ–** : **ἑ·αυτόν → αὑτόν**.

- Seul le pronom de la 3ᵉ personne possède le neutre.

4 Conjuguez l'expression **θαυμάζω ἐμαυτόν**, *je m'admire moi-même* aux personnes indiquées en tenant bien compte du genre (m., f. ou n.). Exemple : a.

a. je (f.) m'admire moi-même   θαυμάζω ἐμαυτήν

b. tu (f.) t'admires toi-même

c. il (m.) s'admire lui-même

d. il (n.) s'admire lui-même

e. nous nous (m.) admirons nous-mêmes

f. vous vous (f.) admirez vous-mêmes

g. ils (n.) s'admirent eux-mêmes

h. elles s'admirent elles-mêmes

CHAPITRE 11 : LES PRONOMS PERSONNELS

5 Complétez les traductions en insérant les pronoms personnels qui conviennent d'après le sens (réfléchis ou non réfléchis).

a. Ils se procurent eux-mêmes leur (la) nourriture.
   Παρέχουσιν . . . . τὴν τροφὴν.

b. Est-ce que tu te reconnais comme mortel ?
   Ἆρα γιγνώσκεις . . . . ὡς θνητὸς εἶ;

c. Nous nous moquons de nous-mêmes, car c'est une comédie.
   Παίζομεν πρὸς . . . ., κωμῳδία γάρ ἐστιν.

d. Vous vous convainquez vous-mêmes, mais pas nous.
   Πείθετε μὲν . . . ., ἡμᾶς δ' οὔ.

e. Comme auteur de comédie, il fait l'éloge de lui-même au théâtre.
   Ὡς κωμῳδοποιητὴς ἐπαινεῖ . . . . πρὸς τὸ θέατρον.

Les pronoms réciproques

- Pour traduire l'idée de réciprocité *(les uns et/avec/contre... les autres)*, le grec utilise le pronom réciproque : **ἀλλήλους –ας –α**, *les uns... les autres*. Il se décline comme **καλός ἡ όν**, toujours au pluriel et sans le nominatif : **πρὸς ἀλλήλους διαλέγονται**, *ils conversent les uns avec les autres*.

6 Même exercice que le précédent, mais avec le pronom réciproque.

a. Les loups et les hommes se craignent *(+ acc.)* mutuellement.
   Οἱ λύκοι τε καὶ οἱ ἄνθρωποι . . . . φοβοῦνται.

b. À quel sujet les citoyens se battent-ils *(+ dat.)* les uns contre les autres ?
   Περὶ τίνος . . . . μάχονται οἱ πολῖται;

c. Que disent donc les citoyens les uns à propos *(+ gén.)* des autres ?
   Τί οὖν λέγουσιν οἱ πολῖται περὶ . . . . ;

CHAPITRE 11 : LES PRONOMS PERSONNELS

Les particules de liaison

- Les phrases grecques d'un récit ou d'un dialogue s'enchaînent avec des mots de liaison (particules invariables) et des conjonctions, indiquant comment chacune est liée à la précédente et avec quelle nuance : insistance, explication, opposition, etc. Ces particules sont bien plus fréquentes en grec qu'en français, mais leur traduction n'est pas systématique et dépendra du contexte. Seules certaines particules peuvent occuper la première place dans une phrase, les autres suivent immédiatement le premier mot :

SENS	PREMIÈRE PLACE	SUIVENT LE PREMIER MOT
coordination	**καί**, *et, aussi* **καί... καί**, *même, également*	**τε... καί**, *et* (**τε** annonce **καί** et ne se traduit pas) **μέν... δέ**, *d'une part... d'autre part* (*les uns... mais les autres... ; pendant que, alors que*, etc.) **δέ**, *puis*
explication		**γάρ**, *car, en effet*
opposition	**ἀλλά**, *mais* **οὐ μόνον... ἀλλὰ καί**, *non seulement... mais aussi*	**δέ**, *mais* **μέντοι**, *cependant, or, pourtant, néanmoins*
intensité		**οὖν**, *donc* **δή**, *certes, précisément, évidemment*
conséquence	**ὥστε** *en conséquence, ainsi donc, de sorte que*	**τοιγαροῦν** *voilà pourquoi, ainsi donc*

7 Choisissez parmi les particules de liaison celles qui conviennent.

a. Ὁ ..... δεσπότης ἄρχει τῶν δούλων, οἱ ..... πείθονται αὐτῷ.
Le maître commande les esclaves, et eux lui obéissent.

γὰρ

b. Οἱ δοῦλοι πείθονται τῷ δεσπότῃ, ὅδε ..... δὴ ἄρχει αὐτῶν.
Les esclaves obéissent au maître, car évidemment celui-ci les commande.

μὲν... δὲ

c. ..... οἱ δοῦλοι, ... οἱ οἰκέται πείθονται τῷ δεσπότῃ.
Les esclaves ainsi que les domestiques obéissent au maître.

ὥστε

d. Οἱ δοῦλοι ..... οἱ γεωργοὶ ἅμα ἐργάζονται ἐν τοῖς ἀγροῖς.
Les esclaves et les cultivateurs travaillent ensemble dans les champs.

τε καὶ

e. Οὐκ ἔστι σελήνη τῆς νυκτός ..... οὐχ ὁρῶ τὴν ὁδόν.
Il n'y a pas de lune ce soir, si bien que je ne vois pas le chemin.

καὶ... καὶ

CHAPITRE 11 : LES PRONOMS PERSONNELS

8 Complétez les traductions en insérant les particules de liaison qui conviennent d'après le sens et l'emplacement.

a. Les domestiques ne travaillent pas seulement dans la maison, mais aussi aux champs.

.... ἐν τῇ οἰκίᾳ .... οἱ οἰκέται, ... ἐν τοῖς ἀγροῖς.

b. Les domestiques travaillent et (d'autre part) les maîtres commandent.

.... ἐργάζονται, ... ἄρχουσιν.

c. Moi, j'écris et toi, tu lis.

.... γράφω, ... ἀναγιγνώσκεις.

d. Certains parmi les esclaves vont au marché, d'autres restent au domaine.

.... τῶν δούλων ἔρχονται εἰς τὴν ἀγορὰν, ... μένουσιν ἐν τῷ οἴκῳ.

e. L'enfant apprend et le maître d'école enseigne.

.... μανθάνει, ... διδάσκαλος διδάσκει.

9 Identifiez les mots grecs qui composent les mots français suivants.

a. *anémomètre*

b. *cleptomane*

c. *bactérie*

d. *presbytie*

Bravo, vous avez terminé un nouveau chapitre ! Il est maintenant temps de comptabiliser les icônes et de reporter le résultat en page 128 pour l'évaluation finale.

La 1ʳᵉ et la 2ᵉ déclinaisons

Les radicaux terminés en -α et -o

- Nous savons maintenant que les articles, les noms, les adjectifs et les pronoms changent de forme en fonction de leur rôle dans la phrase (sujet, complément d'objet, complément d'attribution, etc.) ; rôles que l'on nomme cas : nominatif, accusatif, génitif et datif.

- Ces mots se déclinent donc et l'ensemble des formes que peuvent prendre ces mots s'appelle **une déclinaison**. En grec, il existe trois grands ensembles qui regroupent les mots selon la finale du radical à laquelle s'ajoute la terminaison (ou désinence).

- Les principales formes ont été vues dans les chapitres précédents. Nous verrons dans un prochain chapitre ceux qui suivent la 3ᵉ déclinaison.

La 1ʳᵉ déclinaison

- Le radical se termine en –ᾱ/–ᾰ ou –η : ἡ ὥρα, *la saison* ; ἡ νίκη, *la victoire* ; ἡ θάλαττα, *la mer* ; ἡ ἄγκυρα, *l'ancre* ; ὁ ναύτης, *le marin* ; ὁ νεανίας, *le jeune homme*.

- Les noms en –ᾰ (bref) sont féminins alors que les noms en –ᾱ (long) et –ης sont masculins ou féminins.

- Le génitif est en –ης (ou –ας après –ρ–) pour les féminins et –ου pour les masculins.

La 2ᵉ déclinaison

- Le radical se termine en –o : ὁ ἵππος, *le cheval* ; τὸ ἔργον *le travail* ; ἡ ὁδός, *le chemin, la route* ; ἡ Αἴγυπτος, *l'Égypte*.

- Les noms peuvent être masculins, féminins ou neutres.

❶ Ajoutez l'article défini aux mots suivants en l'accordant (genre, nombre et cas).

a. .... ῥόδοις
b. .... νόσῳ
c. .... δεσπότην
d. .... ἄνθρωποι
e. .... Ἀθήνας
f. .... μαθητοῦ
g. .... Ἀθηνᾶς
h. .... φυτά
i. .... κορῶν

CHAPITRE 12 : LA 1ʳᵉ ET LA 2ᵉ DÉCLINAISONS

Vocabulaire

ὁ βουλευτής
[ʰo-bououléoutèès]
le membre d'un conseil

οἱ πολέμιοι
[ʰoï-polémioï] les ennemis

ἡ νόσος
[ʰèè-nossos]
la maladie

ἡ νῆσος
[ʰèè-nèèssos] l'île

ἡ βοή
[ʰèè-boèè] le cri

ἡ Βουλή
[ʰèè-bououlèè] le Conseil

ἡ Ἀγορά
[ʰèè-agoraa] l'Agora

συντυγχάνω (+ dat.)
[suntuᵍⁿkʰanoo] je rencontre

πολέμιος –ᾱ –ον
[polémios aa o·n]
ennemi (de guerre)

νοσεῖ
[nosséé]
il/elle est malade, souffre

2 Complétez le tableau de déclinaison.

		ὁ νεανίας le jeune homme	ἡ θάλαττα la mer
SINGULIER	nom.		
	acc.		
	gén.		
	dat.		
PLURIEL	nom.		
	acc.		
	gén.		
	dat.		

Le centre politique

La Boulé (de **ἡ βουλή**, *le conseil, l'avis*) était le conseil de 500 citoyens d'Athènes tirés au sort chaque année. La Boulé était responsable devant **l'Ecclésia** (**ἡ Ἐκκλησία**), l'assemblée de tous les citoyens. L'Ecclésia se tenait d'abord sur **l'Agora** (**ἡ ἀγορά**, *place du marché*) puis, sous Périclès (vᵉ siècle av. J.-C.), sur le Pnyx (**Πνύξ**), colline à l'ouest de l'Acropole. L'Agora était le véritable centre de la ville grecque.

3 Même exercice que le précédent, mais avec les noms propres suivants.

		ἡ Ἀθηνᾶ (l')Athéna	ὁ Ἑρμῆς (l')Hermès
SINGULIER	nom.		
	acc.		
	gén.		
	dat.		

		αἱ Ἀθῆναι (les) Athènes (la cité)
PLURIEL	nom.	
	acc.	
	gén.	
	dat.	

CHAPITRE 12 : LA 1ʳᵉ ET LA 2ᵉ DÉCLINAISONS

4 Construisez le complément de nom (génitif) entre les groupes de mots. Exemple : a.

a. ὁ ἵππος – ὁ Ἀλέξανδρος   ὁ τοῦ Ἀλεξάνδρου ἵππος

b. ἡ ναῦς – οἱ βάρβαροι

c. οἱ ἄγγελοι – οἱ πολέμιοι

d. ἡ τροφή – οἱ ἵπποι

e. αἱ ᾠδαί – οἱ ἀοιδοί

f. ὁ ποταμός – ἡ Αἴγυπτος

5 Complétez les phrases grecques en ajoutant les prépositions (soulignées).

a. l'excellent rhapsode → chez l'excellent rhapsode *(sans mouvement)*
   ὁ κάλλιστος ῥαψῳδός

b. les malheureux esclaves → à propos des malheureux esclaves
   οἱ ἄθλιοι δοῦλοι

c. la terrible guerre → pendant la terrible guerre
   ὁ δεινὸς πόλεμος

d. les petites maisons → vers les petites maisons *(mouvement)*
   αἱ μικραὶ οἰκίαι

e. la terrible maladie → après la terrible maladie
   ἡ δεινὴ νόσος

f. la très grande île → (venant) de la très grande île
   ἡ μεγίστη νῆσος

CHAPITRE 12 : LA 1ʳᵉ ET LA 2ᵉ DÉCLINAISONS

6 Accordez les mots entre crochets au cas voulu par les verbes ou les prépositions.

a. Πάρεσμεν [ἡ δεινὴ μάχη].
Nous assistons à la terrible bataille.

....

b. Συντυγχάνεις [οἱ ἀγαθοὶ φίλοι] **ἐν** [ἡ ἀγορά].
Tu rencontres tes (les) chers amis à l'Agora.

....

c. Οἱ βουλευταὶ εἰσέρχονται εἰς [ἡ ἐν Ἀθήναις Βουλή].
Les conseillers pénètrent dans le Conseil situé à Athènes.

....

d. Ἡ πολεμία τριήρης ἀπέχει [ἡ νῆσος].
La trirème ennemie se tient éloignée de l'île.

....

e. Οἱ πρεσβῦται οὐ πάρεισιν ἐν [ἡ ἐκκλησία] **διὰ** [ἡ νόσος].
Les anciens [vieillards] ne sont pas présents à l'assemblée à cause de la maladie.

....

f. Ὁ ἰατρὸς πάρεστι παρὰ [ὁ πρεσβύτης], **νοσεῖ γάρ**.
Le médecin est auprès du vieillard, car il est malade.

....

7 Identifiez les mots grecs qui composent les mots français suivants.

a. *zoonose*

b. *aboulie*

c. *pédiatre*

d. *Polynésie*

Bravo, vous avez terminé un nouveau chapitre ! Il est maintenant temps de comptabiliser les icônes et de reporter le résultat en page 128 pour l'évaluation finale.

La 3ᵉ déclinaison

Le génitif singulier en -ος

- Les terminaisons des noms des deux premières déclinaisons sont assez similaires à celles de l'adjectif **καλός** -**ή** -**όν** et, dans certains cas, à celles de l'article défini.
- Les noms comme **ὁ παῖς**, *l'enfant*, **ἡ γυνή**, *la femme* ou **τὸ σῶμα**, *le corps* se déclinent d'une autre manière ; ils composent un troisième ensemble : la 3ᵉ déclinaison, elle-même subdivisée en plusieurs sous-groupes. Voici le modèle pour ces trois noms, qui ont tous un génitif singulier en **–ος** :

		MASCULIN/FÉMININ			NEUTRE	
SINGULIER	nom.	ὁ παῖς	ἡ γυνή	–	τὸ σῶμα	–
	acc.	τὸν παῖδα	τὴν γυναῖκα	–α	τὸ σῶμα	–
	gén.	τοῦ παιδός	τῆς γυναικός	–ος	τοῦ σώματος	–ος
	dat.	τῷ παιδί	τῇ γυναικί	–ι	τῷ σώματι	–ι
PLURIEL	nom.	οἱ παῖδες	αἱ γυναῖκες	–ες	τὰ σώματα	–α
	acc.	τοὺς παῖδας	τὰς γυναῖκας	–ας	τὰ σώματα	–α
	gén.	τῶν παίδων	τῶν γυναικῶν	–ων	τῶν σωμάτων	–ων
	dat.	τοῖς παισί(ν)	τοῖς γυναιξί(ν)	–σι(ν)	τοῖς σώμασι(ν)	–σι(ν)

- Dans la 3ᵉ déclinaison, **les masculins et les féminins se déclinent de la même manière**.
- Le radical du génitif (**παιδ–**, **γυναικ–** et **σωματ–**) sert à former les autres cas. À noter que la terminaison du datif pluriel **–σι(ν)** fusionne souvent avec la dernière consonne du radical : **παιδ+σι → παισί** ; **γυναικ+σι → γυναιξί** ; **σωματ+σι → σώμασι**.
- Pour tous les substantifs, la connaissance du nominatif et du génitif singuliers permet de déterminer le type de déclinaison et la forme du radical : **ἡ νύξ** (nom.), *la nuit* → **τῆς νυκτός** (gén.) → **νυκτ–** (radical) ; **ἡ γλαῦξ** (nom.), *la chouette* → **τῆς γλαυκός** (gén.) → **γλαυκ–** (radical). C'est pourquoi ces mots de la 3ᵉ déclinaison seront désormais présentés avec leur radical dans le vocabulaire : **ἡ νύξ, νυκτ–**, *la nuit*.
- Le datif pluriel particulier (du type **νυξί ← νυξι ← νυκσι ← νυκτ+σι**) et le vocatif différent du nominatif (du type **παῖ**) seront indiqués au fur et à mesure.

CHAPITRE 13 : LA 3ᴱ DÉCLINAISON

1 Trouvez le radical des mots suivants.

a. ἡ ἀλώπηξ, ἀλώπεκος, *le renard*

b. ἡ νύξ, νυκτός, *la nuit*

c. ἡ χείρ, χειρός *(dat. pl. χερσί), la main*

d. ὁ ἀνήρ, ἀνδρός, *l'homme*

e. ὁ κύων, κυνός, *le chien*

f. ὁ λέων, λέοντος, *le lion*

g. ὁ πούς, ποδός, *le pied*

h. τὸ ὄνομα, ὀνόματος, *le nom*

i. τὸ σῶμα, σώματος, *le corps*

j. τὸ φῶς, φωτός, *la lumière*

Vocabulaire

ὁ θηρευτής
[ᴴo-tʰèèréoutèès]
le chasseur

ὁ ἄρχων (pl. οἱ ἄρχοντες)
[ᴴo-arkʰoon] *le magistrat*

δεινά ou **δεινῶς** (adv.)
[déena / dénoos]
terriblement

αὐτίκα
[aoutika] *sur-le-champ, immédiatement*

οὐδέ
[oudé] *pas même..., et... ne pas*

ἐξαίφνης
[éksaipʰnèès]
tout à coup

ἐπιστρέφομαι
[épistrépʰomaï]
je me retourne

φοβεῖ [pʰobéé]
il/elle effraie, met en fuite

παύω
[paouoo] *je fais cesser*

ἀποφεύγω
[apopʰéougoo] *je m'enfuis*

θεῶμαι [άομαι]
[tʰéaamaï] *je contemple*
(je suis spectateur)

ὑπομένω
[ᴴupoménoo]
je supporte, j'endure

2 Reliez les noms aux adjectifs partageant la même racine.

a. ὁ ἀνήρ •   • λεόντειος –α –ον
b. ὁ λέων •   • ἀρχαῖος –α –ον
c. ὁ θηρευτής •   • ἀνθρώπειος –α –ον
d. ἡ ἀξία •   • θηρευτικός –ή –όν
e. ἡ ἀρχή •   • ἄξιος –α –ον
f. ὁ ἄνθρωπος •   • ἀνδρεῖος –α –ον

CHAPITRE 13 : LA 3ᵉ DÉCLINAISON

Les noms en -ις et -υ(ς)

- La 3ᵉ déclinaison inclut quelques noms dont le radical est terminé par un **-(ε)σ-** ou par les voyelles **-υ** et **-ι**. Ce sont là encore les autres cas que le nominatif qui révèlent la forme du radical auquel s'ajoutent – et souvent fusionnent – les terminaisons de la 3ᵉ déclinaison.

- Voici les types les plus fréquents : **ὁ πρέσβυς** πρεσβ(ε)-, *l'homme âgé, l'ambassadeur*, (ὦ πρέσβυ) ; **ἡ πόλις** πολ(ε)-, *la cité-État* (ὦ πόλι) ; **τὸ κράτος** κρατε(σ)-, *le pouvoir*.

		MASCULIN/FÉMININ			NEUTRE	
SINGULIER	nom.	ὁ πρέσβυς	ἡ πόλις	–	τὸ κράτος	–
	acc.	τὸν πρέσβυν	τὴν πόλιν	-ν	τὸ κράτος	–
	gén.	τοῦ πρέσβεως	τῆς πόλεως	-ος	τοῦ κράτους	-ος
	dat.	τῷ πρέσβει	τῇ πόλει	-ι	τῷ κράτει	-ι
PLURIEL	nom.	οἱ πρέσβεις	αἱ πόλεις	-ες	τὰ κράτη	-α
	acc.	τοὺς πρέσβεις	τὰς πόλεις	-ες	τὰ κράτη	-α
	gén.	τῶν πρέσβεων	τῶν πόλεων	-ων	τῶν κρατῶν	-ων
	dat.	τοῖς πρέσβεσι(ν)	ταῖς πόλεσι(ν)	-σιν	τοῖς κράτεσι(ν)	-σιν

 Complétez la déclinaison sur le modèle de ἡ πόλις.

Les contractions

Les terminaisons **-εως, -ους, -εις** et **-η** sont le résultat de contractions entre voyelles, parfois du fait de la disparition d'une consonne en fin de radical (**-σ** ou **-ϝ** « digamma ») :

- -εος/ηος → -εως
- -εες → -εις
- -ε(σ)ος → εος → -ους
- -ε(σ)α → εα → -η

		ἡ φύσις *la nature*	ἡ δύναμις *la puissance*
SINGULIER	nom.		
	acc.		
	gén.		
	dat.		
PLURIEL	nom.		
	acc.		
	gén.		
	dat.		

CHAPITRE 13 : LA 3ᴱ DÉCLINAISON

4 Complétez les traductions.

a. Γράφεις περὶ τῆς ἀνθρωπείας φύσεως τῶν τῆς Ἑλλάδος ἡρώων.

Tu écris sur la nature ………… des héros de la ………… .

b. Τί οὖν λέγει ὁ Ἀριστοτέλης περὶ τῆς τῶν φίλων ἀξίας;

Que dit [donc] Aristote de la ………… des ………… ?

c. Ἡ ἀρχὴ τοῦ τῶν Πελοποννησίων καὶ Ἀθηναίων πολέμου ἐστὶν ἥδε.

Ceci est le ………… de la ………… des Péloponnésiens et des Athéniens.

d. Οἱ πολέμιοι τῇ λεοντείᾳ δυνάμει μάχονται.

Les ………… se battent avec la ………… du ………… .

e. Ὁ θηρευτὴς μετὰ τοῦ θηρευτικοῦ κυνὸς διώκει τὸν λύκον.

Le chasseur ………… de son (le) ………… de ………… poursuit le loup.

f. Οἱ ἀνδρεῖοι στρατιῶται τὴν μάχην οὐ φοβοῦνται.

Les soldats ………… ne craignent (fuient) pas la ………… .

Les radicaux en -ντ-

- Les mots de la famille **ὁ γέρων** (γεροντ–), *le vieillard* ont un radical terminé par **ντ**. La voyelle du nominatif s'abrège dans les autres cas et le datif pluriel est en **–ουσι(ν)**. voc. **ὦ γέρον** (ô) vieillard.

SINGULIER	nom.	**ὁ γέρων**
	acc.	**τὸν γέροντᾰ**
	gén.	**τοῦ γέροντος**
	dat.	**τῷ γέροντι**
PLURIEL	nom.	**οἱ γέροντες**
	acc.	**τοὺς γέροντᾰς**
	gén.	**τῶν γερόντων**
	dat.	**τοῖς γέρουσιν**

5 Complétez la déclinaison sur le modèle de **ὁ γέρων**.

		ὁ λίθινος λέων *le lion de pierre*
SINGULIER	nom.	…………
	voc.	ὦ λίθινε …………
	acc.	…………
	gén.	τοῦ ………… λέοντος
	dat.	…………
PLURIEL	nom.	…………
	acc.	…………
	gén.	τῶν λιθίνων λεόντων
	dat.	τοῖς ………… λέουσι(ν)

CHAPITRE 13 : LA 3ᴱ DÉCLINAISON

6 **Lisez le texte adapté d'une fable d'Ésope et complétez la traduction qui suit.**

Ὅ τε κύων καὶ ἡ ἀλώπηξ

Κύων θηρευτικὸς λέοντα ὁρᾷ καὶ διώκει αὐτόν. Ὁ δὲ λέων ἐξαίφνης ἐπιστρέφεται καὶ βρυχᾶται ὥστε δεινὰ φοβεῖ τὸν κύνα. Ὁ δὲ κύων αὐτίκα παύει. Οὐ μόνον παύει ὁ κύων ἀλλὰ ἐπιστρέφεταί τε καὶ ἀποφεύγει. Ἀλώπηξ δὲ θεᾶται αὐτοὺς καὶ τοῦτο λέγει τῷ κυνί · ὦ κακὴ κεφαλή, σὺ λέοντα διώκεις, ἀλλὰ οὐδὲ βοὴν λεοντείαν ὑπομένεις καὶ φεύγεις.

Le _____ et le _____

_____ de _____ aperçoit _____ et se met à _____ poursuite. Mais _____ se retourne _____ et rugit _____ qu'il effraie _____ le _____ . _____ quant à lui, s'arrête _____ . _____ le chien s'arrête, mais _____ et _____ . _____ les observe et dit ceci _____ : « Mon pauvre (malheureuse tête/personne) ! Toi, _____ le _____, mais tu ne supportes _____ un cri _____ et _____ . »

7 **Identifiez les mots grecs qui composent les mots français suivants.**

a. *dinosaure*

b. *alopécie*

c. *hydrophobie*

d. *Panthéon*

Bravo, vous avez terminé un nouveau chapitre ! Il est maintenant temps de comptabiliser les icônes et de reporter le résultat en page 128 pour l'évaluation finale.

Les présents -ῶ et -ῶμαι, -οῦμαι

Présent actif

- Contrairement aux verbes comme **ἀκούω**, *j'écoute/j'entends*, les verbes comme **ὁρῶ**, *je vois*, **δηλῶ**, *je montre* et **φοβῶ**, *j'effraie* sont accentués sur la terminaison.
- Le radical de ces verbes, c'est-à-dire la partie invariable du mot, est terminé par une voyelle (**α**, **ε** ou **ο**) accentuée : **ὁρά–**, **φοβέ–**, **δηλό–**.
- Les terminaisons de la conjugaison s'ajoutent à cette voyelle radicale accentuée et produisent (par contraction) une voyelle longue le plus souvent accentuée, par exemple **ὁρά+ω → ὁρῶ**. On dit que ce sont des formes contractes ou des verbes contractes.
- Il y a en tout trois types de formes contractes correspondant aux trois voyelles finales **–ά**, **–έ** ou **–ό** :
  — le type en **ά**- (**ὁρῶ** [άω], *je vois*) ;
  — le type en **έ**- (**φοβῶ** [έω], *j'effraie*) ;
  — le type en **ό**- (**δηλῶ** [όω], *je montre*).
- Les terminaisons qui s'y ajoutent sont : **-ω, -εις, -ει, -ομεν, -ετε, -ουσι(ν)**.

	TYPE EN **A**	TYPE EN **E**	TYPE EN **O**
SINGULIER	ὁρῶ [άω]	φοβῶ [έω]	δηλῶ [όω]
	ὁρᾷς [άεις]	φοβεῖς [έεις]	δηλοῖς [όεις]
	ὁρᾷ [άει]	φοβεῖ [έει]	δηλοῖ [όει]
PLURIEL	ὁρῶμεν [άομεν]	φοβοῦμεν [έομεν]	δηλοῦμεν [όομεν]
	ὁρᾶτε [άετε]	φοβεῖτε [έετε]	δηλοῦτε [όετε]
	ὁρῶσι(ν) [άουσι(ν)]	φοβοῦσι(ν) [έουσι(ν)]	δηλοῦσι(ν) [όουσι(ν)]

- La contraction ne concerne que les radicaux terminés en **–ά**, **–έ** et **–ό**. Ceux terminés en **–εύ** comme **χορεύω**, *je danse* ou **ἀκούω**, *j'écoute/j'entends* ne font pas de contraction.
- Suivent cette conjugaison les verbes contractes déjà rencontrés :
  — **θηρῶ** [άω], *je chasse*, **θηρᾷς, θηρᾷ, θηρῶμεν, θηρᾶτε, θηρῶσι(ν)** ;
  — **ἐπαινῶ** [έω], *je fais l'éloge, j'approuve*, **-εῖς, -εῖ, -οῦμεν, -εῖτε, -οῦσι(ν)** ;
  — **ἐπιθυμῶ** [έω], *je désire, je convoite*, **-εῖς, -εῖ, -οῦμεν, -εῖτε, -οῦσι(ν)**.

CHAPITRE 14 : LES PRÉSENTS -Ω ET -ΩΜΑΙ, -ΟΥΜΑΙ

Vocabulaire

ἡ γλαῦξ, γλαυκ–
[ʰèè-glaouks]
la chouette (aux yeux étincelants)

δουλῶ [όω]
[douloulᵒo]
j'asservis,
je réduis en esclavage

ἐρωτῶ [άω]
[érootᵒo]
je demande, j'interroge

βοηθῶ [έω]
[boèètʰᵒo] je viens en aide

ποιέω [έω]
[poïᵒo] je fais, je fabrique

❶ Traduisez les phrases suivantes.

a. Ἐπαινεῖτε τοὺς ἀγαθούς.

....

b. Ἡ Ἄρτεμις αὐτὴ θηρᾷ.

....

c. Οὐχ ὁρῶμεν τὴν γῆν.

....

d. Τοῖς φίλοις βοηθοῦσιν.

....

e. Ἐμὲ ἐρωτᾶτε περὶ τῆς γλαυκός.

....

f. Οὐ φοβοῦμεν τὸν δεσπότην.

....

❷ Complétez cette grille avec les formes verbales contractes conjuguées possibles (en majuscules) ; la couleur indique de quel verbe il s'agit.

▶ ἐρωτῶ
▶ ποιῶ
▶ βοηθῶ
▶ δουλῶ

Η ΤΗΣ ΑΘΗΝΑΣ ΓΛΑΥΞ

CHAPITRE 14 : LES PRÉSENTS -Ω ET -ΩMAI, -OYMAI

Présent moyen-passif

- On retrouve à la voix moyenne les mêmes règles de contraction :
  — le type en **ά-** : **θεῶμαι** [άομαι], *je contemple* ;
  — le type en **έ-** : **φοβοῦμαι** [έομαι], *je suis effrayé(e)* ;
  — le type en **ό-** : **δουλοῦμαι** [όομαι], *j'asservis pour moi*.
- Les terminaisons qui s'y ajoutent sont : **-ομαι, -ῃ, -εται, -ομεθα, -εσθε, -ονται**.

	TYPE EN **A**	TYPE EN **E**	TYPE EN **O**
SINGULIER	θεῶμαι [άομαι]	φοβοῦμαι [έομαι]	δουλοῦμαι [όομαι]
	θεᾷ [άῃ]	φοβῇ [έῃ]	δουλοῖ [όῃ]
	θεᾶται [άεται]	φοβεῖται [έεται]	δουλοῦται [όεται]
PLURIEL	θεώμεθα [αόμεθα]	φοβούμεθα [εόμεθα]	δουλούμεθα [οόμεθα]
	θεᾶσθε [άεσθε]	φοβεῖσθε [έεσθε]	δουλοῦσθε [όεσθε]
	θεῶνται [άονται]	φοβοῦνται [έονται]	δουλοῦνται [όονται]

- Il existe quelques exceptions comme **χρήομαι –ῶμαι** (+ dat.), *je me sers de* dont le radical est terminé par une voyelle longue **-ή** ; les contractions sont en **η** et **ω** : **χρῶμαι, χρῇ, χρῆται, χρώμεθα, χρῆσθε, χρῶνται**.

3 Traduisez les formes verbales suivantes.

a. il/elle asservit pour lui/elle

e. tu asservis pour toi

....

b. ils/elles se servent de

f. tu te sers de

....

c. tu contemples

g. nous contemplons

....

d. nous craignons

h. tu crains

....

CHAPITRE 14 : LES PRÉSENTS -Ω ET -ΩΜΑΙ, -ΟΥΜΑΙ

Vocabulaire

ἡ αἴξ αἰγ–
[ʰèè-**aï**ks]
la chèvre

ὁ βοῦς (pl. οἱ βόες)
[ʰo-b**ou**ous]
le bœuf

τὸ βάρος βάρους
[to-b**a**ros]
le poids, la charge

ὁ ἄξων ἄξον–
[ʰo-**a**kso·n]
l'axe, l'essieu de roue

ἡ ἅμαξα
[ʰèè-ʰ**a**maksa]
le chariot à quatre roues pour porter des fardeaux (tiré par des bœufs, des mulets…)

ὁ δελφίς δελφῑ– ; τοῖς δελφῖσι(ν)
[ʰo-d**é**lpʰiis] le dauphin

τὸ πρᾶγμα πραγματ–
[to-pr**a**agma]
l'action, l'affaire

ὁ ἁλιεύς (pl. ἁλιεῖς)
[ʰo-ʰalie**ou**s]
le pêcheur

ἡ πέτρᾱ
[ʰèè-p**é**traa]
le rocher, la roche

ἕλκω
[ʰ**é**lkoo]
je tire (avec force), je traîne

φέρω
[pʰ**é**roo]
je porte

4 Complétez les déclinaisons sur les modèles vus précédemment. Le génitif indique la racine du mot ; pour τὸ βάρος, suivre le modèle de τὸ κράτος (racine : κρατε(σ)) :

		ἡ αἴξ la chèvre	τὸ βάρος le poids	ὁ δελφίς le dauphin	τὸ κῦμα la vague
SINGULIER	nom.				
	acc.				
	gén.	τῆς αἰγός	τοῦ βάρους	τοῦ δελφῖνος	τοῦ κύματος
	dat.				
PLURIEL	nom.				
	acc.				
	gén.				
	dat.			τοῖς δελφῖσιν	

CHAPITRE 14 : LES PRÉSENTS -Ω ET -ΩΜΑΙ, -ΟΥΜΑΙ

Les sens de αὐτός

- Vous connaissez la valeur de complément (acc., gén., dat.) de **αὐτός –ή –ό** (voir chap. 12).
- À cela s'ajoutent deux autres sens :

— comme adjectif, **αὐτός** signifie *soi-même (en personne)* : **ὁ δεσπότης αὐτός**, *le maître lui-même* ; **οἱ θεοὶ αὐτοί**, *les dieux eux-mêmes*.

— avec l'article, il signifie *le/la même* : **ὁ αὐτὸς δεσπότης**, *le même maître* ; **οἱ αὐτοὶ θεοί**, *les mêmes dieux*.

5 Mettez les phrases suivantes au pluriel.

a. Φέρω τὸ βάρος αὐτός.
Je porte le poids moi-même.

....

b. Ἕλκω τὴν αὐτὴν ἅμαξαν.
Je tire le même chariot.

....

c. Ὁ κόραξ κράζει.
Le corbeau croasse (crie).

....

d. Ἐπιστρέφεται πρὸς ἐμέ.
Il se retourne vers moi.

....

e. Ὁ ἁλιεὺς αὐτὸς ἕλκει τὸ δίκτυον εἰς τὴν γῆν.
Le pêcheur tire lui-même le filet à terre.

....

6 Complétez les phrases grecques.

a. Οὐχ .... ἐν ταῖς πέτραις.

Nous ne voyons pas les chèvres parmi les rochers.

b. Οἱ ναῦται .... ἐν ....

Les marins contemplent des dauphins au milieu des vagues.

c. Οὐ μόνον περὶ τὰ τῶν θεῶν .... οἱ παλαιοὶ μῦθοι,

ἀλλὰ καὶ περὶ τῶν ἀνθρωπείων ....

Les mythes (récits) anciens ne montrent pas seulement les affaires des dieux, mais également celles des hommes.

d. — Ὦ οὗτος, τί .... ;
— *Eh ! Toi, que fais-tu ?*

CHAPITRE 14 : LES PRÉSENTS -Ω ET -ΩΜΑΙ, -ΟΥΜΑΙ

7 Lisez le texte adapté d'une fable d'Ésope et complétez la traduction qui suit.

Οἱ βόες καὶ ὁ ἄξων

Βόες ἅμαξαν ἕλκουσιν. Ὁ δὲ ἄξων τρίζει. Οἱ δὲ βόες ἐπιστρέφονται καὶ λέγουσιν οὕτως πρὸς αὐτόν · Ὦ οὗτος, ἡμεῖς μὲν τὸ ὅλον βάρος φέρομεν, σὺ δὲ κράζεις;

Les _____ et _____

Des _____ tirent _____ . _____ grince. _____ se _____ et lui _____ ainsi : « Eh ! Toi, c'est nous qui _____ toute _____ , et _____ qui _____ ? »

(L'auteur conclut cette courte fable en disant : « *Il en va ainsi des hommes, quelques-uns feignent d'être fatigués pendant que d'autres se donnent de la peine.* »)

8 Identifiez les mots grecs qui composent les mots français suivants.

a. *baromètre*

b. *halieutique*

c. *monarchie*

d. *isobare*

Bravo, vous avez terminé un nouveau chapitre ! Il est maintenant temps de comptabiliser les icônes et de reporter le résultat en page 128 pour l'évaluation finale.

L'imparfait

L'imparfait actif

- L'imparfait indique la durée ou la répétition de l'action dans le passé (*je marchais, j'avais l'habitude de marcher*).
- Les **terminaisons de l'actif** sont : −ον −ες −ε(ν) −ομεν −ετε −ον.
- À l'imparfait, le radical est précédé de l'augment ἐ- qui marque le temps du passé : ἐθαύμαζον, *j'admirais*.

ἐθαύμαζον	j'admirais
ἐθαύμαζες	tu admirais
ἐθαύμαζε(ν)	il/elle admirait
ἐθαυμάζομεν	nous admirions
ἐθαυμάζετε	vous admiriez
ἐθαύμαζον	ils/elles admiraient

- Le verbe *être* est entièrement accentué à l'imparfait. Sa conjugaison est particulière :

ἦ(ν)	j'étais
ἦσθα	tu étais
ἦν	il/elle était
ἦμεν	nous étions
ἦτε	vous étiez
ἦσαν	ils/elles étaient

- À l'imparfait, les verbes contractes (−άω −έω −όω) suivent les mêmes modèles de contraction qu'au présent de l'indicatif, par exemple : ἐ−θηρά−ον → ἐθήρων, *je chassais*.

TYPE EN **A**	TYPE EN **E**	TYPE EN **O**
ων [αον]	ουν [εον]	ουν [οον]
ᾱς [αες]	εις [εες]	ους [οες]
ᾱ [αε]	ει [εε]	ου [οε]
ῶμεν [άομεν]	οῦμεν [έομεν]	οῦμεν [όομεν]
ᾶτε [άετε]	εῖτε [έετε]	οῦτε [όετε]
ων [αον]	ουν [εον]	ουν [οον]

- Vous trouverez un tableau récapitulatif des contractions dans l'annexe p. 121. Voici celles que l'on rencontre dans cette conjugaison :

  · α−ε → ᾱ
  · α−ο → ω
  · ε−ε → ει
  · ε−ο → ου
  · ο−ε → ου
  · ο−ο → ου

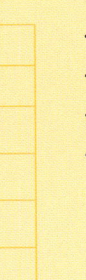

CHAPITRE 15 : L'IMPARFAIT

1 Complétez le tableau de conjugaisons sur le modèle de l'imparfait (actif) de γυμνάζω, *j'exerce* et βαδίζω, *je marche*.

SINGULIER	ἐγύμναζον	j'exerçais	....	je marchais
	ἐγύμναζες	tu exerçais	....	tu marchais
	....	il/elle exerçait	....	il/elle marchait
PLURIEL	....	nous exercions	ἐβαδίζομεν	nous marchions
	....	vous exerciez	....	vous marchiez
	ἐγύμναζον	ils/elles exerçaient	....	ils/elles marchaient

Vocabulaire

ἡ Μοῦσα
[ᴴèè-m**ou**oussa]
la Muse

αὐλῶ [έω]
[aoul**o**o] je joue de la flûte

τῑμῶ [άω]
[tiim**o**o] j'honore

οἰκῶ [έω]
[oïk**o**o]
j'habite, je demeure

ὀνομάζω
[onom**a**zdoo]
je nomme

ὑπακούω (+ dat.)
[ᴴupakou**ou**oo]
je réponds, j'obéis

ἡ εἰρήνη
[ᴴèè-éér**è**è̀nèè]
la paix

2 Complétez le tableau de conjugaisons sur le modèle de l'imparfait (actif) de θηρῶ [άω], *je chasse* et τιμῶ [άω], *j'honore*.

SINGULIER	ἐθήρων	je chassais	....	j'honorais
	....	tu chassais	ἐτίμας	tu honorais
	....	il/elle chassait	....	il/elle honorait
PLURIEL	ἐθηρῶμεν	nous chassions	....	nous honorions
	....	vous chassiez	....	vous honoriez
	....	ils/elles chassaient	ἐτίμων	ils/elles honoraient

CHAPITRE 15 : L'IMPARFAIT

 3 Complétez le tableau de conjugaisons sur le modèle de l'imparfait (actif) de φοβῶ [έω], *j'effraye* et δουλῶ [όω], *j'asservis*.

SINGULIER	....	*j'effrayais*	ἐδούλουν	*j'asservissais*
	ἐφόβεις	*tu effrayais*	....	*tu asservissais*
	....	*il/elle effrayait*	....	*il/elle asservissait*
PLURIEL	....	*nous effrayions*	ἐδουλοῦμεν	*nous asservissions*
	ἐφοβεῖτε	*vous effrayiez*	....	*vous asservissiez*
	....	*ils/elles effrayaient*	....	*ils/elles asservissaient*

L'augment ἐ- et la voyelle initiale

- Si le radical commence par une voyelle, l'augment ἐ- produit l'allongement de la voyelle initiale, par exemple :

  ἐ-α → ἠ : ἀκούω → ἤκουον, *j'écoutais* ;
  ἐ-ᾰ → ᾖ : ᾄδω → ᾖδον, *je chantais*.

- L'allongement de la voyelle initiale s'effectue ainsi :

VOYELLES INITIALES	ALLONGEMENT
α-	
ε-	η-
η-	
ο-	ω-
ω-	
ᾳ-	
αι-	ῃ-
ει-	
αυ-	ηυ-
ευ-	

- Pour s'attacher au radical, l'augment ἐ- s'insère entre le préverbe éventuel et le radical, par exemple : ἀπο·φεύγω, *je m'enfuis* → ἀπ(ο)·ε·φευγ·ον → ἀπέφευγον, *je m'enfuyais*.

  — ἀπ(ο)- (*éloignement*)
  — δι(α)- (*à travers*)
  — εἰσ- (*vers l'intérieur*)
  — ἐξ- (*vers l'extérieur*)
  — ἐπ(ι)- (*au-dessus*)
  — κατα- (*contre, du haut vers le bas*)
  — παρα- (*au près de, le long de*)
  — περι- (*autour*)
  — ὑπ(ο)- (*sous*)

Formes particulières

- Quelques verbes commençant par ἐ-, comme ἔχω, *j'ai, je tiens*, ont un augment en εἰ- : εἶχον, *j'avais, je tenais* ; εἶχες, εἶχε, εἴχομεν, εἴχετε, εἶχον.

- Le verbe ὁρῶ [άω], *je vois* conserve l'augment ἐ- et allonge la voyelle initiale : ἑώρων, *je voyais*.

CHAPITRE 15 : L'IMPARFAIT

4 Décomposez la forme à l'imparfait en séparant l'augment et la terminaison. Exemple : a.

PRÉSENT INDICATIF	IMPARFAIT	DÉCOMPOSITION
a. βαδίζω	ἐβάδιζον, je marchais	ἐ·βάδιζ·ον
b. γιγνώσκει	ἐγίγνωσκες, tu connaissais	....
c. γράφουσιν	ἔγραφον, ils/elles écrivaient	....
d. θηρᾷς	ἐθήρας, tu chassais	....
e. ὁρᾷς	ἑώρας, tu voyais	....
f. ᾄδεις	ᾖδες, tu chantais	....
g. ἀκούει	ἤκουεν, il/elle entendait	....
h. ἄπει	ἀπῆσθα, tu étais	....
i. ἀπέχει	ἀπεῖχεν, il/elle était distant(e)	....
j. ἀποφεύγετε	ἀπεφεύγετε, vous vous enfuyiez	....

5 Reconstituez l'imparfait d'après les composants entre crochets et complétez la traduction.

a. .... [ἐπ(ι)-ἐ-αινε-ει] σε λόγοις καλοῖς.

   Il te louait par de ....

b. Ὑμεῖς μὲν εἰρήνης .... [ἐπ(ι)-ἐ-θυμε-ετε], οἱ δὲ βάρβαροι

   .... [ἐ-πολεμε-ον].

   ...., vous désiriez la paix, ..., eux, faisaient la guerre.

c. Ὀλίγον χρόνον .... [ἐ-οἰκ-ουν] ἐν μεγίστῃ νήσῳ.

   Elles habitaient sur .... pendant peu de temps.

d. Τὸν καλὸν στρατιώτην ἐμὲ .... [ἐ-ονομαζ-εν].

   Il avait l'habitude de m'appeler (nommer) « .... ».

e. Οἱ μὲν τοῖς Ἀθηναίοις, οἱ δὲ τοῖς Λακεδαιμονίοις ....

   [ὑπ(ο)-ἐ-ακου-ον].

   .... obéissaient aux Athéniens, ... aux Lacédémoniens (Spartiates).

CHAPITRE 15 : L'IMPARFAIT

Le moyen-passif

- Les terminaisons du moyen (verbes en **–ομαι**) sont : **–όμην –ου –ετο –όμεθα –εσθε –οντο**. Exemple avec l'imparfait du moyen **μάχομαι**, *je combats* ; **ἐμαχόμην**, *je combattais*.
- L'augment de l'imparfait **ἐ–** fusionne avec la voyelle initiale éventuelle :

  ε–α → η : **ἠκουόμην**, *j'étais entendu*.

ἐμαχόμην	je combattais
ἐμάχου	tu combattais
ἐμάχετο	il/elle combattait
ἐμαχόμεθα	nous combattions
ἐμάχεσθε	vous combattiez
ἐμάχοντο	ils/elles combattaient

- Les verbes contractes au moyen (**–άομαι –έομαι –όομαι**) suivent les mêmes modèles de contraction qu'à l'actif et reçoivent les terminaisons de l'imparfait moyen : **θεῶμαι [άομαι] → ἐ–θεά–ομην → ἐθεώμην**, *j'observais* :

TYPE EN **A**	TYPE EN **E**	TYPE EN **O**
–ώμην [αόμην]	**–ούμην** [εόμην]	**–ούμην** [οόμην]
–ῶ [άου]	**–οῦ** [έου]	**–οῦ** [όου]
–ᾶτο [άετο]	**–εῖτο** [έετο]	**–οῦτο** [όετο]
–ώμεθα [αόμεθα]	**–ούμεθα** [εόμεθα]	**–ούμεθα** [οόμεθα]
–ᾶσθε [άεσθε]	**–εῖσθε** [έεσθε]	**–οῦσθε** [όεσθε]
–ῶντο [άοντο]	**–οῦντο** [έοντο]	**–οῦντο** [όοντο]

6 Complétez le tableau de conjugaisons sur le modèle de l'imparfait (actif) de γυμνάζομαι, *je m'exerce* et φοβοῦμαι [έομαι], *je crains*.

SINGULIER	**ἐγυμναζόμην**	je m'exerçais	....	je craignais
	....	tu t'exerçais	**ἐφοβοῦ**	tu craignais
	....	il/elle s'exerçait	....	il/elle craignait
PLURIEL	....	nous nous exercions	....	nous craignions
	ἐγυμνάζεσθε	vous vous exerciez	....	vous craigniez
	....	ils/elles s'exerçaient	**ἐφοβοῦντο**	ils/elles craignaient

CHAPITRE 15 : L'IMPARFAIT

La disparition du -σ-

- Les terminaisons moyennes « pleines » à retenir sont : –[ο]μην –[ε]σο –[ε]το –[ο]μεθα –[ε]σθε –[ο]ντο.
- La terminaison de la 2ᵉ personne du singulier a subi des transformations importantes du fait de la disparition du –σ– (« sigma intervocalique ») entre la voyelle du radical ε et celle de la terminaison ο. Cette disparition conduit à une contraction : ε·(σ)ο → ε·ο → ου.

7 Décomposez la forme à l'imparfait en séparant l'augment et la terminaison (exemple : a.).

PRÉSENT INDICATIF	IMPARFAIT	DÉCOMPOSITION
a. γυμνάζῃ	ἐγυμνάζου, *tu t'exerçais*	ἐ·γυμνάζ·ε(σ)ο
b. μάχονται	ἐμάχοντο, *ils/elles combattaient*	
c. ἔρχεται	ἤρχου, *tu venais*	
d. φοβοῦμαι	ἐφοβούμην, *je craignais*	
e. δουλοῦνται	ἐδουλοῦντο, *ils/elles étaient asservi(e)s*	
f. διαλέγεσθε	διελέγεσθε, *vous discutiez*	

Bravo, vous avez terminé un nouveau chapitre ! Il est maintenant temps de comptabiliser les icônes et de reporter le résultat en page 128 pour l'évaluation finale.

L'aoriste

L'aoriste de l'indicatif

- L'aoriste de l'indicatif est **un temps du passé**. Cependant, à la différence de l'imparfait, l'aoriste indique qu'une action a eu lieu **sans considération de durée**. L'action est considérée comme un événement unique, accompli, et non comme un processus inachevé.
- L'aoriste de l'indicatif correspond généralement au **passé simple** (p.s.) ou **au passé composé** (p.c.) du français, par exemple : ἔπαυσα (aor.), *je fis cesser, j'ai mis fin* ; ἔπαυον (impf.), *je faisais cesser, j'avais l'habitude d'arrêter*.
- Comme pour l'imparfait, le radical est précédé de **l'augment** ἐ- qui marque le temps du passé : ἐ·θαύμα·σα, *j'admirai, j'ai admiré*. Cet augment ἐ- se combine avec les voyelles initiales dans les mêmes conditions que pour l'imparfait, par exemple avec ἀκούω (prés.) : ἐ- + ἀ- → ἠ- : ἤκουσα (aor.) ; comparez avec l'imparfait ἤκουον, *j'écoutais*.

Deux groupes, deux formations

- Une partie importante des verbes ont un aoriste en –σα (–ψα ou –ξα) comme ἔπαυσα, *je fis cesser* ; les autres ont un aoriste en –ον (ou parfois –ων) comme εἶπον, *j'ai dit*.

---

❶ Recopiez les aoristes suivants dans la colonne correspondant à leur type : en –σα ou en –ον ; le présent de l'indicatif est indiqué entre parenthèses.

VERBES	AORISTE EN –ΣΑ	AORISTE EN –ΟΝ
a. ὑπήκουσα (ὑπακούω), *j'obéis* (p.s.)	....	....
b. εἶπον (λέγω) *je dis* (p.s.), *j'ai dit* (p.c.)	....	....
c. ὠνόμασα (ὀνομάζω), *je nommai*	....	....
d. ἔμαθον (μανθάνω), *j'appris*	....	....
e. ἔγραψα (γράφω), *j'écrivis*	....	....
f. ἐθαύμασα (θαυμάζω), *j'admirai*	....	....

CHAPITRE 16 : L'AORISTE

L'aoriste en -σα

- L'aoriste en **–σα**, le plus courant, dit aussi aoriste premier, se forme par l'ajout d'un suffixe **σ** à la fin du radical et avant les terminaisons personnelles : **–α –ας –ε –αμεν –ατε –αν** à l'actif et **–μην –[σ]ο –το –μεθα –σθε –ντο** au moyen.

- Voici le modèle pour **παύω** (verbe terminé par une voyelle) à l'actif (**ἔ·παυσα**, *je fis cesser*) et au moyen (**ἐ·παυσά·μην** *je cessai*) :

ACTIF	MOYEN
ἔπαυσα	ἐπαυσάμην
ἔπαυσας	ἐπαύσω
ἔπαυσε(ν)	ἐπαύσατο
ἐπαύσαμεν	ἐπαυσάμεθα
ἐπαύσατε	ἐπαύσασθε
ἔπαυσαν	ἐπαύσαντο

- Lorsque le radical se termine par une consonne, le **σ** fusionne avec celle-ci de la façon suivante :

— avec **γ**, **κ** ou **χ**, le suffixe **σ** produit **ξ** : διώκω, *je poursuis* ; ἐ·διώκ·σ·α → ἐδίωξα, *je poursuivis* ;

— avec **β**, **π**, **ππ** ou **φ**, le suffixe **σ** produit **ψ** : γράφω, *j'écris* ; ἐ·γραφ·σ·α → ἔγραψα, *j'écrivis* ;

— les finales **δ**, **ζ**, **θ** et **τ** tombent devant le suffixe **σ** : πείθω, *je persuade* ; ἔ·πει(θ)·σ·α → ἔπεισα, *je persuadai* ;

— avec **λ**, **μ**, **ν** ou **ρ**, le suffixe **σ** n'apparaît pas et le radical se modifie (la voyelle brève précédente s'allonge éventuellement) : μένω, *je reste* ; ἐ·μεεν·α → ἔμεινα, *je restai*.

Les verbes contractes

- Pour **les verbes contractes** actifs ou moyens, les voyelles finales **α**, **ε** et **ο** s'allongent très souvent devant –σα : ποιῶ [ποιέω], *je fais* ; ἐποίησα, *je fis*.

---

2 Complétez le tableau de conjugaison à l'aoriste actif et moyen des verbes πείθω, *je persuade* et γυμνάζομαι, *je m'exerce*.

SINGULIER	**ἔπεισα**	je persuadai	. . . .	je m'exerçai
	. . . .	tu persuadas	. . . .	tu t'exerças
	. . . .	il/elle persuada	**ἐγυμνάσατο**	il/elle s'exerça
PLURIEL	**ἐπείσαμεν**	nous persuadâmes	. . . .	nous nous exerçâmes
	. . . .	vous persuadâtes	. . . .	vous vous exerçâtes
	. . . .	ils/elles persuadèrent	. . . .	ils/elles s'exercèrent

CHAPITRE 16 : L'AORISTE

Vocabulaire

ἡ σφαῖρᾰ
[ʰèè-spʰaïra] la balle

ὁ λαγώς (acc. ών/ώ)
[ʰo-lagoos] le lièvre

ὁ ῥήτωρ ῥητορ–
[ʰo-rʰèètoor] l'orateur

ὁ ἄρχων ἀρχοντ–
[ʰo-arkʰoon] le chef, le magistrat

ἡ ἀνάγκη
[ʰèè-anagʰkèè] la nécessité

ἡ ἐκκλησίᾱ
[ʰèè-éklèèssiaa] l'assemblée (du peuple)

τὸ στράτευμα στράτευματ–
[to-stratéouma] l'armée (en campagne)

ὁ στρατηγός
[ʰo-stratèègos] le stratège (chef de guerre)

πολεμῶ [έω]
[polémoo] je fais la guerre

ἄλλος –η –ο (adj. pron.)
[allos] autre

νυκτός (gén. de νύξ)
[nuktos] de nuit, pendant la nuit

3. Parmi les formes verbales, cochez l'aoriste qui convient à la phrase.

a. Οἱ Ἀθηναῖοι αὐτοὶ .... τοὺς Πέρσας ἀπὸ τῆς Ἀττικῆς.
Les Athéniens eux-mêmes ont chassé les Perses de l'Attique.
☐ ἐδίωξαν ☐ ἐδίωκον ☐ ἐδίωξεν

b. Νυκτὸς ἐβάδιζεν ὁ ἄγγελος ἐξαίφνης .... ἡ σελήνη τῷ δρόμῳ.
Le messager marchait de nuit et soudain la lune éclaira le chemin.
☐ ἔλαμπεν ☐ ἔλαμψαν ☐ ἔλαμψεν

c. Ἡ Ναυσικάα τε καὶ ἄλλαι κόραι σφαίρᾳ .... πρὸς τῇ θαλάσσῃ.
Nausicaa et d'autres jeunes filles jouèrent à la balle près de la mer.
☐ ἔπαιζον ☐ ἔπαισαν ☐ ἔπαισεν

d. Ὁ θηρευτὴς χθὲς ἄλλον λαγὼν .... ἐν τῷ αὐτῷ ἀγρῷ.
Hier, le chasseur a chassé un autre lièvre dans le même champ.
☐ ἐθήρασεν ☐ ἐθήρα ☐ ἐθήρασα

e. Ὁ ῥήτωρ .... τὸν ἄρχοντα ἐν τῇ τῶν Ἀθηναίων ἐκκλησίᾳ.
L'orateur fit l'éloge du magistrat à l'assemblée des Athéniens.
☐ ἐπῄνει ☐ ἐπῄνεσα ☐ ἐπῄνεσε

CHAPITRE 16 : L'AORISTE

Les verbes contractes

Devant le –σ(α)– de l'aoriste, les verbes contractes allongent la voyelle finale de leur radical : **α** et **ε** → **η** et **ο** → **ω**. Ainsi :

— τιμῶ (άω), j'honore → ἐτί**μη**σα, j'honorai ;
— ποιῶ (έω), je fais → ἐποί**η**σα, je fis ;
— δουλῶ (όω), j'asservis → ἐδούλ**ω**σα, j'asservis (j'ai asservi).

Vocabulaire

πολλοί –αί –ά
[pollo**í**] (adj. pl.)
nombreux/nombreuses, beaucoup de

ὀλίγος –η –ον (adj.)
[ol**í**gos]
peu de

4 Complétez les traductions.

a. Ἀετὸς λαγὼν ἐδίωκεν.

Un aigle . . . . un . . . .

b. Οὐδὲ ἐβοήθουν τοῖς φίλοις ἐν ἀνάγκῃ.

. . . . même pas . . . . dans le besoin.

c. Αἱ κόραι ἐβάδιζον πρὸς τὴν θάλατταν.

Les jeunes filles . . . . vers . . . .

d. Ἆρα ἦν τῷ θηρευτῇ κύων καλός ; – Δῆλόν ἐστιν.

Est-ce que le chasseur . . . . un bon . . . . ? Évidemment !

e. Ὁ στρατηγὸς ὁ Ἀθηναῖος ἐδίωξε τοὺς βαρβάρους κατὰ θάλατταν.

Le stratège athénien . . . . les barbares sur . . . .

f. Οὐκ ἐβοήθησαν οἱ Λακεδαιμόνιοι τοῖς Πέρσαις ἀνὰ τὸν πρὸς Ἀθηναίους πόλεμον.

Les Lacédémoniens (Spartiates) . . . . les Perses durant toute . . . .

contre . . . .

CHAPITRE 16 : L'AORISTE

L'aoriste en -ον

- L'aoriste en **–ον**, dit aussi **aoriste second**, se forme sur un radical verbal particulier auquel s'ajoutent les terminaisons **–ον –ες –ε(ν) –ομεν –ετε –ον** (communes avec l'imparfait).
- Comparé au radical du présent, le radical de l'aoriste second (en **–on**), montre des changements plus ou moins importants ; il peut être même totalement différent (comparez avec le français : *je vais/j'allai*). Exemples :
  — λαμβάνω (prés.), *je prends, je reçois* → ἔλαβον (aor. 2nd), *je pris, je reçus* ;
  — τρέχω (prés.), *je cours* → ἔδραμον (aor. 2nd), *je courus*.
- Quelques aoristes seconds présentent une voyelle longue comme : γιγνώσκω (prés.), *je connais* → ἔγνων (aor. 2nd), *je connus*.

- Le verbe **εἰμι**, *je suis* n'existe pas à l'aoriste. On utilise l'aoriste du verbe moyen (régulier) **γίγνομαι**, *je deviens* : ἐγενόμην, *je fus*.
- L'aoriste du verbe **ἔχω**, *j'ai* est bâti sur la racine **σχ–**.

ACTIF	MOYEN	« AVOIR »
ἔλαβον	ἐγενόμην	ἔσχον
je pris	*je fus, je devins*	*j'eus*
ἔλαβον	ἐγενόμην	ἔσχον
ἔλαβες	ἐγένου	ἔσχες
ἔλαβε(ν)	ἐγένετο	ἔσχε(ν)
ἐλάβομεν	ἐγενόμεθα	ἔσχομεν
ἐλάβετε	ἐγένεσθε	ἔσχετε
ἔλαβον	ἐγένοντο	ἔσχον

5 Complétez le tableau de conjugaison à l'aoriste actif et moyen des verbes οἰκῶ [έω], *j'habite* et ἐρωτῶ [άω], *je demande (j'interroge)*.

SINGULIER	ᾤκησα	j'habitai	. . . .	je demandai
	. . . .	tu habitas	. . . .	tu demandas
	. . . .	il/elle habita	ἠρώτησε(ν)	il/elle demanda
PLURIEL	ᾠκήσαμεν	nous habitâmes	. . . .	nous demandâmes
	. . . .	vous habitâtes	. . . .	vous demandâtes
	. . . .	ils/elles habitèrent	. . . .	ils/elles demandèrent

CHAPITRE 16 : L'AORISTE

6 Ces verbes, parmi les plus courants, ont un aoriste second. Sur la base du radical aoriste, formez la 1re personne du singulier de l'aoriste de l'indicatif (exemple : a.).

PRÉSENT	RADICAL AORISTE (sans augment)	AORISTE DE L'INDICATIF (1re personne du singulier)
a. ἔχω, *j'ai, je possède*	σχ–	ἔσχον .... *j'eus, je possédai*
b. ἄγω, *je conduis*	ἀγαγ–	....
c. ἔρχομαι, *je viens, je vais*	ἐλθ–	....
d. εὑρίσκω, *je trouve*	εὑρ–	....
e. λαμβάνω, *je reçois, je prends*	λαβ–	....
f. λέγω, *je dis, je parle*	εἰπ–	....
g. ὁρῶ [άω], *je vois*	ἰδ–	....

7 Reconstituez l'aoriste d'après les composants entre crochets et complétez la traduction.

a. Τί πρὸς ὑμᾶς .... [ἐ–εἶπ–ε(ν)] ὁ ἄγγελος;
Que .... a dit .... ?

b. Πολλὰ καλὰ παρὰ σοῦ .... [ἐ–μάθ–ομεν].
Nous avons appris beaucoup de bonnes choses ....

c. Ἦν λύκος ἐν τῇ ὕλῃ, ... [ἐ–ίδ–ετε] γὰρ αὐτὸν καὶ [ἐκ–ἐ–φύγ–ετε].
Il y avait .... dans la forêt, en effet vous l'avez vu et ....

d. Ὁ κύων ἐκ τῆς οἰκίας .... [ἔ–δραμ–ε(ν)] ὡς τάχιστα.
Le chien courut .... à toute vitesse.

Bravo, vous avez terminé un nouveau chapitre ! Il est maintenant temps de comptabiliser les icônes et de reporter le résultat en page 128 pour l'évaluation finale.

Le futur

Le futur de l'indicatif

- Pour la plupart des verbes, on forme le futur en insérant un **–σ–** entre le radical et la terminaison du présent de l'indicatif (actif ou moyen) :

  — **παύω → παύσω**, *je ferai cesser* ;

  — **παύομαι → παύσομαι**, *je cesserai*.

- Les verbes contractes au présent actif et moyen allongent la voyelle finale de leur radical devant le **–σ–** du futur dans les mêmes conditions que pour l'aoriste (**α** et **ε → η** et **ο → ω**) :

  — **τιμάω** (τιμῶ) **→ τιμήσω**, *j'honorerai* ;

  — **ποιέω** (ποιῶ) **→ ποιήσω**, *je ferai* ;

  — **δουλόω** (δουλῶ) **→ δουλώσω**, *j'asservirai*.

- Lorsque le radical se termine par une consonne, le **–σ–** du futur fusionne comme dans le cas du **σα** de l'aoriste (revoir le chapitre 16).

- Résumé :
  — Avec **γ**, **κ** ou **χ**, le suffixe **σ** produit **ξ** : **διώκω → διώξω**, *je poursuivrai*. Attention à l'esprit rude **ἑ–** du futur de **ἔχω**, *j'ai, je tiens* ; [σ]εχ·σ·ω → **ἕξω** *j'aurai*.

  — Avec **β**, **π**, **ππ** ou **φ**, le suffixe **σ** produit **ψ** : **γράφω → γράψω**, *j'écrirai*.

  — Les finales **δ**, **ζ**, **θ** et **τ** tombent devant le suffixe **σ** : **πείθω → πείσω**, *je persuaderai*.

  — Avec **λ**, **μ**, **ν** ou **ρ**, le suffixe **σ** n'apparaît pas et le verbe prend la forme d'un contracte en **–έ** qui se conjugue comme ποιῶ [έω] : **μένω**, *je reste* ; μενέ·ω → **μενῶ**, *je resterai*.

- Reportez-vous si besoin au tableau des racines verbales en fin de cahier p. 120.

CHAPITRE 17 : LE FUTUR

Vocabulaire

ἀγγέλλω [agⁿg**é**loo] j'annonce

βοῶ [άω] (fut. βοήσομαι) [bo**o**o] je pousse des cris

διαφθείρω [diap^Ht^Hé**é**roo] je détruis, je corromps

νῑκῶ [άω] [niik**o**o] je vaincs

ζητῶ [έω] [zdèèt**o**o] je cherche

φιλῶ [έω] [p^Hil**o**o] j'aime (je donne un baiser)

μανθάνω [ma·nt^H**á**noo] j'apprends

βαίνω (fut. βήσομαι) [ba**i**noo] je marche, je vais

μένω (fut. μενῶ [έω]) [m**é**noo] je demeure, je reste

ἀποβαίνω [apoba**i**noo] je pars, je quitte

---

❶ Traduisez les formes verbales suivantes et indiquez la 1re personne du futur de l'indicatif (exemple : a). Pour le dernier (f.), il existe deux solutions possibles.

a. διαλεξόμεθα	nous dialoguerons	e. ἀγγελοῦσιν	....
b. δουλώσει	....	f. παύσει	....
c. πείσετε	....		....
d. ποιήσουσιν	....		

❷ Mettez les verbes entre crochets au futur et complétez les traductions. Reportez-vous, si nécessaire, au tableau des racines verbales en fin de cahier.

a. Νυκτὸς ὀλίγοι τῶν ναυτῶν .... [μένω] παρὰ ταῖς ναυσίν.
   La nuit, peu .... resteront près des navires.

b. .... [γράφω] ἐπιστολὴν πρὸς τοὺς φίλους τοὺς ἐν τῇ Σικελίᾳ αὔριον.
   Vous écrirez demain une lettre à .... de Sicile (ceux de Sicile).

c. Ἅμα τῇ ἡμέρᾳ διὰ τῆς χώρας .... [ἄγω] αὐτὸς ἡμᾶς.
   Au point .... tu nous conduiras toi-même à travers ton (le) pays.

d. .... [διαλέγομαι] καὶ φιλοσοφήσομεν πρὸς ἀλλήλους.
   Nous converserons et nous philosopherons ....

CHAPITRE 17 : LE FUTUR

3 Traduisez en grec les formes conjuguées suivantes. La première colonne contient à titre indicatif la 1ʳᵉ personne du présent de l'indicatif (exemple : a.).

a. je poursuivrai (διώκω)	διώξω
b. ils/elles honoreront (τιμῶ)	
c. vous habiterez (οἰκῶ)	
d. j'interrogerai (ἐρωτῶ)	
e. je détruirai (διαφθείρω)	
f. vous vaincrez (νικῶ)	
g. tu chercheras (ζητῶ)	

Les futurs particuliers

- Quelques verbes, dont la forme est active au présent, ont un futur identique au <u>futur moyen</u> (en **-σ·ομαι**). Ce passage à la voix moyenne au futur n'affecte pas le sens du verbe :
  — **μανθάνω**, *j'apprends*
    → **μαθήσομαι**, *j'apprendrai* ;
  — **ἀκούω**, *j'entends*
    → **ἀκούσομαι**, *j'entendrai* ;
  — **εἰμί**, *je suis*
    → **ἔσομαι**, *je serai*.

- Certains verbes forment le futur sur un <u>radical totalement différent</u>, correspondant à une autre racine verbale (songez au français *je vais* et *j'irai*) :
  — **λέγω**, *je dis* → **ἐρῶ** [έω], *je dirai* ;
  — **ὁρῶ**, *je vois* → **ὄψομαι**, *je verrai* ;
  — **τρέχω**, *je cours* → **δραμοῦμαι**, *je courrai* ;
  — **ἔρχομαι**, *je vais* → **εἶμι**, *j'irai* (à ne pas confondre avec le présent **εἰμί**, *je suis* ; nous y reviendrons au chapitre 20 sur les verbes en **-μι**).

4 Chaque syllabe permet de former un verbe au futur. Identifiez les verbes en vous aidant des indices (forme du ς final, esprits, accents...) (exemple : a.).

a. σο ἔ μαι	ἔσομαι	**e.** μή σε ἐπι θυ τε	
b. λή σει φι		**f.** σεις λή αὐ	
c. ρεῖ δια φθε		**g.** μεν ποιή σο	
d. σεις βοη θή		**h.** τή σεις ζη	

CHAPITRE 17 : LE FUTUR

5 Certains verbes de l'exercice précédent conviennent aux phrases ci-dessous. Complétez les phrases.

a. Ἡμᾶς . . . . , ὥσπερ φιλήσομεν αὐτὸν καὶ ἡμεῖς.
Il nous aimera, comme nous l'aimerons nous aussi.

b. Οὐ μόνον ἡ νόσος ἀλλὰ καὶ τὸ γῆρας . . . . τὸ σῶμα.
Il n'y a pas que la maladie [qui] corrompra le corps, il y a aussi la vieillesse.

c. . . . . τοῖς συμμάχοις ἐπὶ τὴν θάλαττάν τε καὶ ἐπὶ τὴν γῆν.
Tu viendras en aide à tes (les) alliés sur mer et aussi sur terre.

d. Πρῶτον μὲν πολεμεῖτε, ἔτι δὲ εἰρήνης . . . .
D'abord vous faites la guerre, et un jour (ensuite) vous désirerez la paix.

e. . . . . αὐτὴ ἐν τῷ καλλίστῳ θεάτρῳ ἐν Ἀθήναις.
Tu joueras toi-même (f.) de la flûte dans le plus beau théâtre d'Athènes.

6 Parmi les formes verbales, cochez le futur qui convient à la phrase.

a. Τοὺς μὲν ἀποβαίνουσι, τοὺς δὲ _____ , ἡμεῖς δὲ παρὰ σοὶ _____ .
Les uns partent, les autres partiront, quant à nous, nous resterons près de toi.
☐ ἀποβήσει ☐ ἀποβήσονται ☐ ἀποβήσομαι
☐ μενῶ ☐ μενοῦμεν ☐ μενεῖς

b. Οὐδὲν _____ σαυτὸν ὡς κακόν.
Tu ne te reconnaîtras pas (toi-même) comme fautif.
☐ γνώσει ☐ γνώσεσθε ☐ γνώσονται

c. Ἐγώ σοι _____ τίς εἰμι οὐ μόνον τοῖς λόγοις ἀλλὰ καὶ τοῖς ἔργοις.
Moi, je te montrerai qui je suis non seulement par mes paroles, mais aussi par mes actes.
☐ δηλώσομεν ☐ δηλώσουσιν ☐ δηλώσω

CHAPITRE 17 : LE FUTUR

7 Complétez la grille avec les formes conjuguées au futur en majuscules. Les définitions sont données au présent de l'indicatif.

1. μανθάνεις
2. ἀκούει
3. εἰμι
4. λέγετε
5. ὁρῶμεν
6. φεύγεις
7. ᾄδουσι(ν)
8. θαυμάζει
9. βοᾷς
10. γιγνώσκουσι(ν)
11. βαδίζουσι(ν)
12. ἔρχομαι

8 Identifiez les mots grecs qui composent les mots français suivants.

a. *gériatre*

b. *démagogue*

c. *Timothée*

d. *chorège*

Bravo, vous avez terminé un nouveau chapitre ! Il est maintenant temps de comptabiliser les icônes et de reporter le résultat en page 128 pour l'évaluation finale.

Les pronoms-adjectifs

Les démonstratifs

- Le pronom-adjectif **ὅδε** (m.) **ἥδε** (f.) **τόδε** (n.) (chapitre 9) désigne ce qui est dans la <u>très grande proximité</u> du locuteur, qui est présent, voire « sous la main » : **λέγω ὑμῖν τάδε**, *je vous dis ceci*.
- **οὗτος αὕτη τοῦτο** désigne ce qui est généralement <u>face au locuteur</u>, visible. Il « remplace » même αὐτός –ή –ό qui ne peut être utilisé comme sujet (nominatif).
- Pour ce qui est <u>lointain</u>, hors de portée (làbas) ou absent, on utilise le pronom-adjectif (1ʳᵉ classe) **ἐκεῖνος –η –ο**, *ce/cette…-là*.
- Comme adjectif démonstratif, l'article est obligatoire :
  — **ὅδε ὁ ἵππος**, *ce cheval* ou *mon cheval* ;
  — **αὕτη ἡ ναῦς**, *ce navire(-ci)* ;
  — **ἐκεῖνος ὁ πόλεμος**, *cette guerre(-là)* [où je ne suis pas].

SINGULIER			
	m.	f.	n.
nom.	οὗτος	αὕτη	τοῦτο
acc.	τοῦτον	ταύτην	τοῦτο
gén.	τούτου	ταύτης	τούτου
dat.	τούτῳ	ταύτῃ	τούτῳ
PLURIEL			
nom.	οὗτοι	αὗται	ταῦτα
acc.	τούτους	ταύτᾱς	ταῦτα
gén.	τούτων	τούτων	τούτων
dat.	τούτοις	ταύταις	τούτοις

- Sans l'article, il s'agit de pronoms démonstratifs ou personnels :
  — **Οὗτος μὲν λέγει, ἡμεῖς δὲ ἀκούομεν αὐτοῦ**, *Lui, il parle et nous, nous l'écoutons.*
  — **Ἐκεῖνος ἦν φιλόσοφος**, *C'était un philosophe* ou *Il était philosophe.*

---

❶ Insérez le démonstratif **οὗτος ὁ** (a., b., c. et d.) ou **ἐκεῖνος ὁ** (e., f., g. et h.) et faites l'accord.

a. ἐν .... ποταμῷ		e. .... νεφέλαι	
b. .... ἔργα		f. .... νήσους	
c. .... ναῦται		g. περὶ .... λέοντος	
d. .... λόγοις		h. .... δελφῖνα	

CHAPITRE 18 : LES PRONOMS-ADJECTIFS

 2 Complétez les phrases grecques avec le pronom οὗτος ou ἐκεῖνος.

a. Est-ce qu'il a dit cela ?
Ἆρα .... εἶπεν;

b. C'est lui qui commandait.
.... ἦρχεν.

c. Nous les (f.) admirons encore.
Ἔτι .... θαυμάζομεν.

d. Ils/elles les (m.) aimeront (se réjouiront de).
Χαίρουσι ....

e. C'est ce que tu désires.
.... ἐπιθυμεῖς.

f. Je serai toujours à leurs (f.) côtés.
Ἀεὶ παρέσομαι ....

L'indéfini τις, τι

- L'adjectif enclitique **τις** (m., f.) **τι** (n.) (racine τιν–) est notre article indéfini ; il signifie *un (certain)* : γεωργός τις, *un (certain) agriculteur* ; πλοῖά τινα, *des bateaux (certains bateaux)*.

- Utilisé seul, c'est un pronom qui signifie *quelqu'un* ou *quelque chose* (*n'importe qui/quoi*) : ἦλθέν τις, *quelqu'un est venu* ; νομίζουσί τινες, *certains pensent*.

		MASCULIN/FÉMININ	NEUTRE
SINGULIER	nom.	τις	τι
	acc.	τινα	τι
	gén.	τινος	τινος
	dat.	τινι	τινι
PLURIEL	nom.	τινες	τινα
	acc.	τινας	τινα
	gén.	τινων	τινων
	dat.	τισι(ν)	τισι(ν)

Vocabulaire

φοιτῶ [άω]
[pʰoïtô]
je vais fréquemment, je fréquente

τὸ γυμνάσιον
[to-gumnassio-n]
le gymnase

 3 Ajoutez le pronom adjectif τις et faites l'accord.

a. Πολῖταί ..... νομίζουσιν ὥσπερ σύ.
Certains citoyens pensent comme toi.

b. Κακόν ..... λέγει.
Il dit quelque chose de méchant.

c. Ἄλλοι ..... παρῆσαν.
D'autres étaient présents.

d. Δῆλόν ἐστιν ὅτι ἐπιθυμεῖς ..... .
Il est évident que tu désires quelque chose.

e. Αὕτη ἐστὶν οἰκία πολίτου ..... .
Celle-ci, c'est la maison d'un citoyen.

f. Ὑπακούουσιν δεσπότῃ ..... .
Ils obéissent à un certain maître.

g. Φοιτᾷ εἴς ..... τῶν γυμνασίων.
Il fréquente un des gymnases.

CHAPITRE 18 : LES PRONOMS-ADJECTIFS

L'interrogatif τίς ; τί ;

- La forme accentuée **τίς** (m./f.) **τί** (n.), portant toujours l'accent aigu sur le radical **τί(ν)–**, sert d'interrogatif : **τί ;** que, quoi ?, **τίς ;** qui ?, quel(le) ?/lequel/laquelle ?
- Comme adjectif :
  — **Τίς ἄρχων ;** *Quel magistrat ?*
  — **Τί φυτόν ;** *Quelle plante ?*
- Comme pronom :
  — **Τίς βοᾷ ;** *Qui pousse des cris ?*
  — **Τί λέγεις ;** *Que dis-tu ?*
- La déclinaison de l'interrogatif **τίς** suit celle du pronom-adjectif indéfini **τις** à l'accent près.

Ajoutez l'interrogatif τίς et faites l'accord.

a. . . . . . . τῶν βουλευτῶν συνέτυχον ;
Quel membre (lequel des membres) du conseil ont-ils rencontré ?

b. . . . . . . ἐστὶν οὗτος ὁ κύων ;
À qui est ce chien ?

c. . . . . . . νομίζουσιν ὡς σύ ;
Quels sont ceux qui pensent comme toi ?

d. . . . . . . ἐπιθυμεῖς ὡς μάλιστα ;
Que désires-tu le plus ?

e. Περὶ . . . . . . λέγει ὁ ῥήτωρ ;
De quel sujet parle l'orateur ?

5 Choisissez le pronom-adjectif τις ou τίς qui convient.

τίνες   τίσι   τις   τίνες
τινί   τίνων   τινὰς   τί

a. _____ οὖν ποιήσομεν ; ἠρώτα ὁ Πλάτων _____ ἀπὸ τῆς Ἀκαδημίας.

« Qu'allons-nous faire alors ? » demandait Platon à quelques [disciples] (à ceux) de l'Académie.

b. Ἐν μύθῳ _____ ἠρώτησαν οἱ ἀλώπεκες τοὺς λαγὼς · _____ ἐστὲ καὶ _____ πολεμεῖτε ;

Dans une fable, les renards demandèrent aux lièvres : « Qui êtes-vous et qui combattez-vous ? »

c. Οἶδέ _____ ὑμῶν _____ _____ ἄρχουσιν ἐν τῇ πόλει ταύτῃ ;

Est-ce que l'un d'entre vous sait qui commande qui dans cette cité ?

CHAPITRE 18 : LES PRONOMS-ADJECTIFS

Le possessif non réfléchi

- S'il n'y a pas de doute sur le possesseur, l'article suffit à exprimer la possession :
  Ὁ θηρευτὴς ἐπανέρχεται μετὰ τὸν κύνα. *Le chasseur revient avec son (le) chien.*
- S'il faut préciser, le grec utilise couramment le génitif du pronom personnel (revoir le chapitre 12 : μου, σου, ἡμῶν, ὑμῶν…) ; le genre est celui du possesseur :

ἡ οἰκία μου, *ma maison*	ἡ οἰκία ἡμῶν, *notre maison*
ἡ οἰκία σου, *ta maison*	ἡ οἰκία ὑμῶν, *votre maison*
ἡ οἰκία αὐτοῦ, *sa maison (à lui)*	ἡ οἰκία αὐτῶν, *leur maison (à eux ou à elles)*
ἡ οἰκία αὐτῆς, *sa maison (à elle)*	

- Le grec emploie également, pour les 1re et 2e personnes, l'adjectif possessif dérivé des pronoms personnels (ἐμός -ή -όν, σός -ή -όν, ἡμέτερος -ᾱ -ον et ὑμέτερος -ᾱ -ον) qui s'accorde avec l'objet et, pour la 3e personne, le génitif du démonstratif ἐκεῖνος -η -ον/ἐκείνων qui s'accorde avec le possesseur. Ils se déclinent comme les adjectifs en –ος -η/-α -ον. Exemples :
  — ὁ ἐμὸς ἵππος, *mon cheval* ; ἡ ἐμὴ οἰκία, *ma maison* ;
  — ὁ ἐκείνης ἵππος, *son cheval (à elle)* ; ἡ ἐκείνου οἰκία, *sa maison (à lui).*

6 Complétez les constructions avec les possessifs.

a. notre maître (professeur)
   .... ἡμέτερ.... διδάσκαλος

b. nos chevaux (acc.)
   .... ὑμέτερ.... ἵππους

c. de tes champs (gén.)
   .... ἀγρ.... σου

d. dans votre maison
   ἐν τῇ οἰκίᾳ ....

e. leurs pays (acc.)
   τὰς .... χώρας

f. à tes domestiques (dat.)
   τοῖς .... οἰκέταις

CHAPITRE 18 : LES PRONOMS-ADJECTIFS

7 Reprenez les phrases de l'exercice précédent en remplaçant le possessif de type μου, σου... par ἐμός, σός... et inversement.

a. notre maître (professeur)

.... διδάσκαλος ....

b. nos chevaux (acc.)

.... ἵππους ....

c. de tes champs (gén.)

.... ἀγρῶν

d. dans votre maison

ἐν τῇ .... οἰκίᾳ

e. leurs pays (acc.)

τὰς χώρας ....

f. à tes domestiques (dat.)

τοῖς οἰκέταις ....

Le possessif réfléchi

- Lorsque **le possesseur est le sujet de la phrase**, c'est-à-dire qu'il évoque ses propres biens, on emploie le pronom personnel réfléchi au génitif précédé de l'article ὁ/ἡ/τό + ἐμαυτοῦ –ῆς, σ(ε)αυτοῦ –ῆς, ἡμῶν αὐτῶν, etc. (chapitre 11). Exemples :
  — ὁρῶ **τὴν ἐμαυτοῦ** οἰκίαν, je vois ma (propre) maison ;
  — ὁρᾷς **τὴν ἐμὴν** οἰκίαν (ou **τὴν οἰκίαν μου**), tu vois ma maison.

- Dans ces phrases, le grec distingue deux nuances pour le possessif (*ma*) : dans la première, le possesseur est le sujet de la phrase ; dans la seconde, ce n'est pas le cas.

Vocabulaire

ἡ χείρ χειρ–
(dat. pl. χερσί)
[ʰèè-kʰéér]
la main

ἡ θρίξ τριχ–
(dat. pl. θριξί)
[ʰèè-tʰríks]
le poil, le cheveu

λοιδορῶ [έω]
[loïdorοo]
j'injurie, j'insulte

CHAPITRE 18 : LES PRONOMS-ADJECTIFS

8 Complétez les phrases avec le possessif réfléchi.

a. Ἡ Μήδεια τοὺς .... παῖδας ἀπέκτεινεν.
   Médée a tué ses propres enfants.

b. Ἄνδρες τινὲς οὐ πείθονται τοῖς .... νόμοις.
   Certains hommes n'obéissent pas à leurs propres lois.

c. Διὰ τοῦτο εἱλκόμην χερσὶ τὰς .... τρίχας ἐκ κεφαλῆς.
   À cause de cela, je me suis arraché les cheveux avec mes mains (j'ai tiré mes cheveux de la tête).

d. Οὗτος ὁ δεσπότης ἀγαθός, οὐδὲ γὰρ λοιδορεῖ τοὺς .... οἰκέτας.
   Ce maître [est] bon, il n'injurie même pas ses propres domestiques.

9 Lisez le texte adapté d'une fable d'Ésope et complétez la traduction qui suit.

Διογενὴς καὶ φαλακρός

Φαλακρός τις ἐλοιδόρησε τὸν Διογένην τὸν κυνικὸν φιλόσοφον. Ὁ δὲ πρὸς τὸν φαλακρόν τάδε εἶπεν · Ἐγὼ μὲν οὐ λοιδορῶ, μὴ γένοιτο. Ἐπαινῶ δὲ τὰς τρίχας, ὅτι ἀπὸ κρανίου κακοῦ ἀπῆλθον.

Diogène et [le] chauve

Un _____ avait _____ Diogène, _____ cynique. Celui-ci dit _____ : « Moi, _____ , surtout pas ! _____ au contraire tes _____ parce qu'ils _____ un [si] _____ crâne. »

Bravo, vous avez terminé un nouveau chapitre ! Il est maintenant temps de comptabiliser les icônes et de reporter le résultat en page 128 pour l'évaluation finale.

L'infinitif – Les verbes en -μι

L'infinitif (non contracte)

- Le mode infinitif comprend un infinitif présent (généralement pour une action continue ou habituelle), un infinitif aoriste (action ponctuelle) et un infinitif futur (action projetée, prévue).
- L'infinitif des verbes non contractes se forme sur le radical (présent, futur ou aoriste) du verbe en ajoutant les terminaisons suivantes :

INFINITIF	ACTIF	MOYEN	EXEMPLES (RACINES)
présent	-ειν	-εσθαι	παύ·**ειν**, *faire cesser* παύ·**εσθαι**, *s'arrêter*
futur			παύσ·**ειν**, *être sur le point de faire cesser* παύσ·**εσθαι**, *être sur le point de s'arrêter*
aoriste 1er (σα)	-αι	-σθαι	παῦσ·**αι**, *avoir fait cesser* παύσ·**ασθαι**, *s'être arrêté(e)*
aoriste 2nd (ον)	-εῖν	-έσθαι	λαβ·**εῖν**, *avoir pris* λαβ·**έσθαι**, *s'être emparé(e)*

Formes particulières

- Le radical du verbe peut donc changer selon les temps exprimés :
  — **λέγειν**, *parler*, **εἰπεῖν** (inf. aor.), *avoir parlé* et **ἐρεῖν** (inf. fut.), *être sur le point/avoir l'intention de parler* ;
  — **ἔρχεσθαι**, *aller/venir*, **ἐλθεῖν**, *être allé(e)/venu(e)* ;
  — **ὁράω**, *je vois*, **ἰδεῖν**, *avoir vu*, **ὄψεσθαι**, *être sur le point de voir*.
- Pour les verbes en **-μι**, voir plus loin dans ce chapitre (p. 108).

Usage

- Devant l'infinitif, la négation **οὐ(κ)** est remplacée par la négation **μή**, *ne... pas* : **μὴ γιγνώσκειν**, *ne pas savoir*.
- Précédé de l'article neutre **τό**, *le*, le verbe à l'infinitif devient un substantif que l'on peut traduire par *le fait de* (+ inf.) : **τὸ γράφειν**, *le (fait d')écrire* (ou *l'écriture*) ; **τὸ μανθάνειν**, *le fait d'apprendre, l'apprentissage* ; **τὸ μὴ γιγνώσκειν**, *le fait de ne pas savoir, l'ignorance*.

CHAPITRE 19 : L'INFINITIF – LES VERBES EN -MI

1 Reliez les formes conjuguées aux infinitifs correspondants, puis traduisez les formes conjuguées.

a. ᾄδειν • • ἀπέρχομαι ....
b. ἀπέρχεσθαι • • εἰπεῖν ....
c. γίγνεσθαι • • ᾔδομεν ....
d. εἶπεν • • παρέχουσιν ....
e. παρέχειν • • χορεύεις ....
f. ὑπακούειν • • ὑπακούετε ....
g. χορεύειν • • γίγνῃ ....

L'infinitif (contracte)

- Les contractions entre la voyelle du radical (-α -ε -o) et la terminaison de l'infinitif suivent les règles déjà vues. À noter toutefois que les contractions se font sur la base de l'ancienne forme –εν de l'infinitif, donc α–ε et non α–ει, etc.

TYPES	ACTIF	MOYEN
en –ά	τιμάε[ι]ν → τιμᾶν, *estimer*	τιμάεσθαι → τιμᾶσθαι, *être estimé*
en –έ	φοβέε[ι]ν → φοβεῖν, *effrayer*	φοβέεσθαι → φοβεῖσθαι, *craindre*
en –ό	δηλόε[ι]ν → δηλοῦν, *montrer*	δηλόεσθαι → δηλοῦσθαι, *être montré*

- Les verbes dont le radical termine par –ή ont un infinitif en –ῆν à l'actif et en –ῆσθαι au moyen-passif : **διψῆν**, *avoir soif* ; **ζῆν**, *vivre* ; **χρῆσθαι**, *se servir de, avoir affaire à/avec* (+ dat.).

2 Traduisez les formes conjuguées et donnez l'infinitif du verbe.

a. ὀνομάζετε .... → ....

b. χρῶνται .... → ....

c. ποιοῦμεν .... → ....

d. εἶχον .... → ....

e. ὑπήκουον .... → ....

CHAPITRE 19 : L'INFINITIF – LES VERBES EN -MI

Constructions avec l'infinitif

βούλομαι (+ inf.)
[bou**ou**lomaï]
je souhaite, je voudrais (faire)

δοκῶ [έω] (+ inf.)
[dok**o**o] je semble

ἔχω (+ inf.)
je suis capable de

δεινός (+ inf.)
habile à

δεῖ / χρή (+ acc. + inf.)
[d**é**é / kʰr**è**è]
il faut (c'est un devoir) que

ἔστιν (+ inf.)
il est possible de

ἔξεστιν (+ dat. + inf.)
[**é**ksésti·n]
il est permis/possible (à quelqu'un) de

ἀνάγκη ἐστίν (+ dat. + inf.)
[an**a**gⁿkèè ésti·n]
il est nécessaire (à quelqu'un) de (faire)

ἄνευ (+ gén)
[**a**néou] sans

Peuvent être suivis de l'infinitif futur

ἐλπίζω (+ inf. fut.)
[élp**i**zdoo]
j'espère, je m'attends à

μέλλω (+ inf. fut.)
[m**é**loo]
je suis sur le point de

ὑπισχνοῦμαι [έομαι] (+ inf. fut.)
[ᴴupiskʰn**ou**oumaï]
je promets de

3. Complétez avec l'infinitif qui convient (présent, aoriste ou futur).

a. Οἱ πολέμιοι δοκοῦσιν .... ἰσχυρότεροι ἢ ἡμεῖς,
ἀλλ᾽ οὖν .... ἐλπίζομεν.
Les ennemis semblent être plus forts que nous, mais nous espérons bien être victorieux.

b. Ἔμελλε τὸ στράτευμα τῶν Μακεδόνων ....
L'armée macédonienne (des Macédoniens) était sur le point de s'arrêter.

c. Ἐμοὶ ὑπέσχετο .... παρὰ σὲ ὡς τάχιστα.
Il m'a promis de venir chez toi le plus tôt possible.

d. Βούλεται .... τὰ τῆς πόλεως πρὸς ὑμᾶς.
Il veut discuter avec vous des [affaires] de la ville.

e. Δοκεῖ δέ μοι οὐκ ἔχειν .... ἄνευ ὅπλων.
Il me semble qu'il ne peut lutter sans armes.

CHAPITRE 19 : L'INFINITIF – LES VERBES EN -MI

Ο ΗΦΑΙΣΤΟΣ   ΤΑ ΟΠΛΑ

Vocabulaire

-ότερος/-ώτερος α ον
(suffixe du superlatif)
[<u>o</u>téros/o<u>o</u>téros] très

ὁ Μακεδών Μακεδόν–
[ᴴo-makédo<u>o</u>n]
le Macédonien

τὸ ὅπλον
[to-ᴴ<u>o</u>polo·n]
l'arme

ὁ πατήρ πατ(ε)ρ–
[ᴴo-patè<u>ê</u>r]
le père

4 Complétez les phrases en utilisant les constructions suivantes.

δεῖ   ἀνάγκη   δεινός   ἔξεστι   χρή

a. .... μανθάνειν τὴν τέχνην παρὰ τοῦ πατρός.
Tu dois apprendre le métier (la technique) auprès de ton père.

b. .... , ὦ οἰκέται, ἐλθεῖν πρὸς τὴν ἀγορὰν τήμερον,
σῖτος γὰρ οὐκέτι ἐστὶν ἐν τῷ οἴκῳ.
*Vous, les domestiques, vous devez aller au marché aujourd'hui même,
car il n'y a plus de nourriture dans la maison.*

c. Μόνον τοῖς πολίταις ταύτης τῆς πόλεως .... μετέχειν
τῆς ἐκκλησίας.
Il n'est permis qu'aux citoyens de cette ville de participer à l'assemblée.

d. Οὗτος ὁ ῥήτωρ .... ἐστι λέγειν ὥστε μέλλει ἡμᾶς πείσειν.
Cet orateur est [très] habile [à parler] et il a l'intention de nous convaincre.

e. .... σοί ἐστι πᾶσαν τὴν ἀλήθειαν ἡμῖν λέγειν
περὶ τοῦ πράγματος.
Il est nécessaire que tu nous dises toute la vérité sur cette affaire.

CHAPITRE 19 : L'INFINITIF – LES VERBES EN -MI

Les verbes en -μι

- Après les verbes en **–ω**, les verbes terminés en **–μι** au présent de l'indicatif (1re personne) forment le second ensemble. Ils sont peu nombreux mais très fréquents, comme **εἰμί**, *je suis*, **εἶμι** *j'irai* et **φημί**, *je dis, j'annonce* ou encore **δίδωμι**, *je donne*, **τίθημι**, *je place*, **ἵστημι**, *je mets debout*, **ἵημι**, *j'envoie* et **δείκνυμι**, *je montre*.

- Le verbe **εἶμι** [radical ἰ–], au présent de l'indicatif, a un sens du futur : *j'irai*. Il sert donc de futur à **ἔρχομαι**, *je vais* (voir ci-contre). Attention à ne pas confondre les trois premières personnes avec celles du verbe *être* **εἰμί**, *je suis* [radical ἐ(σ)–].

- Les désinences (ou terminaisons) sont à l'indicatif présent : **–μι –ς –σι(ν) –μεν –τε –[α]σι(ν)**. Elles s'ajoutent directement au radical, sans voyelle intermédiaire comme –ε– ou –ο– dans les verbes en –ω (ex. : θαυμάζ·ο·μεν, τρέχ·ε·τε...).

- La marque de l'infinitif (présent) est **–ναι** : **εἰμί** *je suis* → **εἶναι**, *être* ; **εἶμι**, *j'irai/je viendrai* → **ἰέναι**, *être sur le point d'aller/venir*.

- Les autres modes et voix (moyenne, passive) des verbes en –μι ainsi que le classement en sous-ensembles (avec ou sans redoublement, suffixe en –νυμι) dépassent le cadre de cette initiation, mais il est utile de connaître le modèle de base :

INDICATIF PRÉSENT	
δίδωμι	εἶμι
δίδως	εἶ
δίδωσι(ν)	εἶσι(ν)
δίδομεν	ἴμεν
δίδοτε	ἴτε
διδόασι(ν)	ἴασι(ν)
INFINITIF PRÉSENT	
διδόναι	ἰέναι

---

5 Reliez les personnes correspondantes entre les composés de ἔρχομαι, *je vais* et du futur εἶμι, *j'irai*.

a.	ἀπέρχομαι •	• ἔξιτε
b.	ἀπέρχῃ •	• ἄπειμι
c.	εἰσέρχεται •	• εἴσεισιν
d.	εἰσερχόμεθα •	• ἄπει
e.	ἐξέρχεσθε •	• ἐξίασιν
f.	ἐξέρχονται •	• εἴσιμεν

Vocabulaire

τὸ αὔλιον
[to-a**ou**lio·n]
l'étable, l'habitation rustique

ἡ δραχμή
[Hèè-drakHmè**è**]
la drachme (monnaie grecque)

τὸ μῆλον
[to-m**èè**lo·n]
la pomme

ξένος –η –ον (adj.)
[ks**é**nos]
étranger(ère)

ὁ ξένος (subst.) *l'hôte*

CHAPITRE 19 : L'INFINITIF – LES VERBES EN -MI

6 Complétez les traductions avec les formes conjuguées de δίδωμι, *je donne* et δείκνυμι, *je montre* qui conviennent.

a. . . . . αὐτῷ διακοσίας δραχμάς.
   Je lui donne deux cents drachmes.

b. Τίς . . . . τοῦτο τὸ μῆλον τῇ Ἀφροδίτῃ; Πάρις, ὁ τοῦ Πριάμου.
   — Qui donne cette [fameuse] pomme à Aphrodite ? — Paris, le [fils] de Priam.

c. Οἱ δοῦλοι . . . . τροφὴν τοῖς ζῴοις τοῖς ἐν τῷ αὐλίῳ.
   Les esclaves donnent de la nourriture aux animaux qui sont dans l'étable.

d. . . . . τὴν πρὸς τὴν πόλιν ὁδὸν ξένῳ τινί.
   Tu montres le chemin vers la ville à un étranger.

e. Τὸ τῶν Περσῶν στράτευμα . . . . τὴν δύναμιν τοῖς Ἕλλησιν.
   L'armée des Perses montre sa (la) puissance (force) aux Grecs.

φημι, je dis, φησι...

- Le verbe **φημι**, *je dis, j'affirme* est surtout d'usage lorsqu'on rapporte des propos (discours indirect), le plus souvent à la 3ᵉ personne : **φησι(ν)**, *il/elle dit* ; **φασιν**, *ils/elles disent* (il est enclitique au présent). Sa conjugaison au présent est : **φημί, φῄς** ou **φής, φησί(ν), φαμέν, φατέ, φᾶσί(ν)**.
  Comparez les constructions utilisant **l'indicatif** avec **λέγω ὅτι**, *je dis que* et **φημι** avec **l'infinitif** :
  — **λέγει ὅτι σοφός ἐστιν = φησὶ σοφὸς εἶναι**
    il dit qu'il est sage = il dit/affirme être sage
  — **λέγει ὅτι σοφὸς εἶ = φησί σε σοφὸν εἶναι**
    il dit que tu es sage = il dit/affirme que tu es sage (toi sage être)
- On trouvera fréquemment l'imparfait **ἔφη(ν)**, *dit-il, dit-elle* avec le sens aoriste (passé simple) **ἔφασαν**, *dirent-ils/dirent-elles* dans le discours direct :
  — **Ὦ ἄνδρες Ἀθηναῖοι, ἔφην, ἐνίκησαν οἱ Ἕλληνες.**
    « Athéniens, dit-il, les Grecs ont remporté la victoire ! »
- Notez également l'expression concurrente **ἦ δ' ὅς**, *dit-il*, et **ἦν δ' ἐγώ**, *dis-je*, basée sur un autre verbe (**ἠμι**) : **Ἐνίκησαν, ἦ δ' ὅς**, *« Ils sont victorieux »*, *dit-il*.

CHAPITRE 19 : L'INFINITIF – LES VERBES EN -MI

7 Transformez ces phrases en citations (propositions infinitives) en utilisant **φημι, φησιν** ou **ἔφην** comme indiqué.

	CITATION	DISCOURS DIRECT
a.	φησι	Σοφός ἐστιν. *Il est sage.* *Φησὶ σοφὸς εἶναι.*
b.	φημι	Τὸ γράφειν ῥᾴδιόν ἐστιν. *Il est facile d'écrire.*
c.	ἔφην	Πολλαὶ ὁδοί εἰσι πρὸς τὰς Ἀθήνας. *Il existe de nombreuses routes [qui conduisent] vers Athènes.*
d.	φησι	Ἤγαγον τοὺς ἐμαυτοῦ φίλους παρὰ σέ. *J'ai conduit mes [propres] amis chez toi.*
e.	ἔφην	Οἱ Ἕλληνες θαυμάζουσι τὴν Αἴγυπτον. *Les Grecs admirent l'Égypte.*

Le pronom-adjectif πᾶς

- Le pronom-adjectif **πᾶς** (παντ–), *tout, toute, chaque* se décline au masculin et au neutre selon la 3ᵉ déclinaison (ντ) et, au féminin, selon la 1ʳᵉ.

SINGULIER	nom.	πᾶς	πᾶσ-α	πᾶν
	acc.	πάντ-α	πᾶσ-αν	πᾶν
	gén.	παντ-ός	πάσ-ης	παντ-ός
	dat.	παντ-ί	πάσ-ῃ	παντ-ί
PLURIEL	nom.	πάντ-ες	πᾶσ-αι	πάντ-α
	acc.	πάντ-ας	πάσ-ας	πάντ-α
	gén.	πάντ-ων	πασ-ῶν	πάντ-ων
	dat.	πᾶσι(ν)	πάσ-αις	πᾶσι (ν)

- Sa construction a des analogies avec celle du français *tout(e), tous/toutes* comme adjectif (**πάντες οἱ πολῖται**, *tous les citoyens*) ou comme pronom (**πᾶσαι ἦλθον**, *toutes sont venues*). Retenons :

  — **πᾶσα οἰκία**, *toute (chaque) maison* ;

  — **πᾶσα ἡ οἰκία**, *toute la maison (tout entière)* ;

  — **πᾶσαι αἱ οἰκίαι**, *toutes les maisons.*

CHAPITRE 19 : L'INFINITIF – LES VERBES EN -MI

Vocabulaire

ὁ λιμός (aussi f. ἡ λιμός)
[ᴴo-lim**o**s]
la faim

οἴομαι
[o**ï**omaï]
je pense (je suis d'avis que)

νομίζω
[nom**í**zdoo]
je considère, je pense

ἡγοῦμαι
[ᴴèèg**ou**oumaï]
je pense, je crois (fermement)

ὑπισχνοῦμαι [έομαι]
[ᴴupiskᴴn**ou**oumaï]
je promets de

οἶδα (irr. οἶσθα, οἶδε(ν), ἴσμεν, ἴστε, ἴσασιν)
[**o**ïda, **o**ïstᴴa...]
je sais

8 Exercice inverse du précédent : transformez les phrases en discours indirect en supprimant le verbe de déclaration ou d'opinion (exemple : a.).

a. Φησὶ δὲ τήνδε τὴν λύραν ἑαυτῆς εἶναι. *Elle dit que cette lyre est la sienne.*

. . Ἥδε ἡ λύρα αὐτῆς ἐστιν. . . . .

b. Ὑπισχνεῖται ἄξειν αὐτὸς τοὺς ἵππους εἰς τοὺς ἀγρούς.
Il promet de conduire (qu'il conduira) lui-même les chevaux aux champs.

. . . .

c. Φημὶ Ἀθηναίους τινὰς ἐπαινεῖν τοὺς Λακεδαιμονίους.
J'affirme que certains Athéniens approuvent les Lacédémoniens (Spartiates).

. . . .

d. Ἡγεῖται τοὺς λύκους αὔριον ἐκ τῆς ὕλης ἐξιέναι ὑπὸ λιμοῦ.
Il croit bien que les loups sortiront de la forêt demain à cause de la faim.

. . . .

e. Νομίζω σε ἀγαθὸν εἶναι καὶ διὰ τοῦτο δίδωμί σοι τόδε τὸ δῶρον.
Je considère que tu es quelqu'un de bien (bon), c'est pourquoi je te donne ce présent.

. . . .

Bravo, vous avez terminé un nouveau chapitre ! Il est maintenant temps de comptabiliser les icônes et de reporter le résultat en page 128 pour l'évaluation finale.

L'impératif – Le participe

L'impératif

- Le grec distingue un **ordre général** (répétition ou durée, construit sur le radical présent) d'un **ordre ponctuel** (occasion unique, construit sur le radical aoriste). Le contexte contribue à préciser la nuance :

    — Λέγε. *Dis (« raconte »)* !   — Εἰπέ (εὐθύς). *Dis (« immédiatement »)* !
    — Ἄκουε (ἀεὶ) τῶν σοφῶν.   — Ἄκουσόν μου (νῦν).
      Écoute (« toujours ») les sages !   *Écoute-moi (« là et maintenant »)* !

- Le mode impératif grec se conjugue à la 2ᵉ personne (*Viens ! Venez !*) et plus rarement à la 3ᵉ personne (*Qu'il/elle vienne ! Qu'ils/elles viennent !*). Le mode étant complexe, voici quelques repères (2ᵉ pers. non contracte) pour les exercices simples de ce chapitre :

IMPÉRATIF		ACTIF	MOYEN-PASSIF
PRÉSENT		παῦε, *fais cesser !* παύετε, *faites cesser !*	παύου, *arrête-toi !* παύεσθε, *arrêtez-vous !*
AORISTE	1ᵉʳ -σα	παῦσον, *fais cesser !* παύσατε, *faites cesser !*	παῦσαι, *arrête-toi !* παύσασθε, *arrêtez-vous !*
	2ⁿᵈ -ον	λίπε, *laisse (derrière toi) !* λίπετε, *laissez (derrière vous) !*	λιποῦ, *reste (en arrière) !* λίπεσθε, *restez (en arrière) !*

- Un nom au vocatif (avec ou sans ὦ) accompagne souvent l'impératif :
    — Ὦ οἰκέτα, λέγε. *Toi (le serviteur), parle !*
- Un petit nombre d'impératifs actifs comme εἰπέ, *dis !* ; ἐλθέ, *viens !* et λαβέ, *prends !* sont accentués sur –έ.
- La négation est **μή** (+ imp. pour l'ordre général, car pour l'ordre ponctuel le grec utilise un autre mode) : Μὴ παίζετε, *Ne plaisantez pas ! Cessez de plaisanter !*
- Pour les verbes contractes, on retrouve les formes habituelles : τίμα –ᾶτε / ποίει –εῖτε / δούλου –οῦτε ; θεῶ –ᾶσθε / φοβοῦ –εῖσθε / δουλοῦ –οῦσθε.
- Quant à la 3ᵉ personne, les terminaisons sont –τω (s.) –ντων (pl.) : — Παυέτω, *Qu'il/elle fasse cesser !* ; Ἀκουσάντων, *Qu'ils/elles écoutent !* ; Εἰσίτω, *Qu'il/elle entre !*

CHAPITRE 20 : L'IMPÉRATIF – LE PARTICIPE

1 Complétez le tableau de conjugaison à l'impératif (présent ou aoriste).

SG.	βλέπε	regarde !	....	écris !
PL.	....	regardez !	γράφετε	écrivez !
SG.	γράψον	écris !	....	poursuis !
PL.	....	écrivez !	διώξατε	poursuivez !

2 Traduisez l'impératif et mettez-le au pluriel. Pour les verbes contractes, vous pouvez mettre la forme non contracte (exemple : a.). Pour vous aider à identifier le radical aoriste, consultez le tableau des formes verbales en annexe.

IMPÉRATIF SINGULIER	TRADUCTION	IMPÉRATIF PLURIEL
a. τίμα [α·ε]	estime !	τιμά·ετε (τιμᾶτε)
b. μὴ φοβοῦ [ε·ου]		
c. ᾆσον		
d. φύγε		
e. πείθου		
f. μὴ διαλέγου		
g. ἐργάζου		

3 Traduisez les impératifs.

IMPÉRATIF	TRADUCTION
a. μὴ θαυμάζετε	
b. θεῶ [ά·ου]	
c. ποίει [ε·ε]	
d. δούλου [ο·ου]	

CHAPITRE 20 : L'IMPÉRATIF – LE PARTICIPE

4 Complétez la traduction de cette citation d'Isocrate *(Conseils à Démonique).*

a. Τοὺς μὲν θεοὺς φοβοῦ, « . . . . les dieux,

b. τοὺς δὲ γονεῖς τίμα, ... tes parents,

c. τοὺς δὲ φίλους αἰσχύνου, respecte . . . . ,

d. τοῖς δὲ νόμοις πείθου. obéis . . . . ! »

Vocabulaire

τὸ σκόλιον
[to-sk**o**lio·n]
chanson de table

μάχομαι ὑπέρ (+ gén.)
[m**a**k^Homaï ^Hup**é**r]
je combats pour

ἕτερος –ᾱ –ον
[^H**é**téros aa o·n]
l'un/l'autre (des deux)

5 Complétez les traductions.

a. — Ἐργάζου πᾶν τὸ σεαυτοῦ χωρίον.

. . . . toute ta terre (ton terrain) !

b. — Ἆισον δή μοι σκόλιόν τι.

. . . . donc . . . . !

c. — Ὦ φίλοι, μὴ μένετε ἐν τῇ πόλει ταύτῃ.

Chers . . . . , ... dans cette . . . . !

d. — Γενοῦ μοι φίλος.

. . . . mon . . . . !

e. — Ὑπὲρ σεαυτοῦ καὶ φίλου μάχου πάνυ.

. . . . tout à fait pour . . . . et . . . . (Ménandre, *Sentences*)

f. — Μὴ θαύμαζε, ὦ ξένε· νόμος ἔσθ' ἡμῖν οὗτος, ἴσως δ' ὑμῖν περὶ αὐτῶν τούτων ἕτερος.

. . . ., (ô) . . . . : telle est . . . . ; chez toi, peut-être, [est-elle] sur ce point . . . . (Platon, *Les Lois*)

CHAPITRE 20 : L'IMPÉRATIF – LE PARTICIPE

Impératifs particuliers

- Parmi les formes particulières, les plus courantes sont :
  — ἐλθέ, *viens !* (rad. aor. ἐλθ–) ;
  — εἰπέ, *dis !* (rad. aor. εἰπ–) ;
  — δός, *donne !* (rad. aor. δο-) ;
  — θές, *pose !* (rad. aor. θε- de τίθημι) ;
  — ἰδέ, *vois !* (ou ἰδοῦ) (rad. aor. ἰδ- ; l'impér. aor. est parfois moyen)
  — ἴσθι, *sois !* (pl. ἔστε) ;
  — ἴσθι, *sache !* (de ἴστε, *vous savez*) ;
  — γνῶθι, *(re)connais !* (rad. aor. γνο- γιγνώσκω) ;
  — ἴθι, *va !* (pl. ἴτε) (rad. aor. ἰ- de εἶμι).
- Attention à bien <u>distinguer</u> ἴσθι, *sois !* de ἴσθι, *sache !*

Nos racines

L'oracle de Delphes était le plus important du monde antique. Sur la façade, les colonnes et autres surfaces visibles du temple d'Apollon, au cœur du site de Delphes et accessibles à tout visiteur, étaient inscrites des « maximes utiles à la vie des hommes ».

Ces dictons ou commandements moraux, bien que brefs (deux à cinq mots), étaient d'une signification profonde et constituaient un patrimoine de sagesse pour les générations à venir.

 Complétez les traductions de ces maximes delphiques.

IMPÉRATIF	TRADUCTION
a. Γνῶθι σαυτόν	Apprends à .... connaître .... !
b. Φίλοις βοήθει	....
c. Ἄκουε πάντα	.... tout (ce qu'on dit) !
d. Καιρὸν γνῶθι	.... le bon moment (propice) !
e. Γῆρας προσδέχου	Agrée volontiers ....
f. Τὸ συμφέρον θηρῶ	.... ce qui est utile !

CHAPITRE 20 : L'IMPÉRATIF – LE PARTICIPE

Le participe

- En grec, le participe est un adjectif dérivé du verbe. Il s'accorde, en genre, en nombre et en cas, avec la personne ou l'objet auquel il se rapporte dans la phrase.
- Le participe présent correspond au participe présent français précédé ou non de *en* : **ὤν**, *(en) étant*, dérivé de **εἰμί**, *je suis*.
- Le participe présent actif est construit sur le radical du présent et reçoit les terminaisons –ων –ουσα –ον. Le masculin et le neutre (actifs) suivent la 3ᵉ déclinaison, le radical terminant par –ντ– (voir p. 73) ; le féminin suit la déclinaison de **ἡ θάλαττα –ης** (voir chapitre 12).
- Le participe aoriste actif correspond au participe passé composé actif du français ; il se construit sur le radical aoriste et reçoit les terminaisons –ων –ουσα –ον pour l'aoriste 2ⁿᵈ (ον) et –σας –σασα –σαν pour l'aoriste en σα.

PARTICIPE		ACTIF	MOYEN-PASSIF
PRÉSENT		παύ**ων** –ουσα –ον *(en) faisant cesser*	παυόμενος –η –ον *(en) s'arrêtant*
AORISTE	1ᵉʳ –σα	παύ**σας** –σασα –σαν *(en) ayant fait cesser*	παυσάμενος –η –ον *(en) s'étant arrêté(e)*
	2ⁿᵈ –ον	λαβ**ών** –οῦσα –όν *(en) ayant pris*	λαβόμενος –η –ον *(en) s'étant emparé(e)*

- Le participe moyen-passif prend les terminaisons **–μενος –μένη –μενον** et suit donc la déclinaison des adjectifs de la première classe (voir chapitre 6).
- La négation est en principe **οὐ** : **οὐ λέγων**, *(en) ne disant pas (sans dire)*.
- Modèle : **ὤν οὖσα ὄν** (ὀντ–), *en étant*.

	SINGULIER			PLURIEL		
	m.	f.	n.	m.	f.	n.
nom.	ὤν	οὖσα	ὄν	ὄντες	οὖσαι	ὄντα
acc.	ὄντα	οὖσαν	ὄν	ὄντας	οὔσας	ὄντα
gén.	ὄντος	οὔσης	ὄντος	ὄντων	οὐσῶν	ὄντων
dat.	ὄντι	οὔσῃ	ὄντι	οὖσι(ν)	οὔσαις	οὖσι(ν)

CHAPITRE 20 : L'IMPÉRATIF – LE PARTICIPE

Constructions avec le participe

ἄρχομαι (+ part.)
[arkʰomaï]
je commence à

καίπερ (+ part.)
[kaï̈pèr] bien que

παύομαι (+ part.)
[paoumaï] je cesse de

τυγχάνω (τυχ–) (+ part.)
[tugⁿkʰanoo]
il se trouve que je

φθάνω (φθασ–)
(+ acc. + part.)
[pʰtʰanoo]
je précède, je devance

7 Complétez les traductions.

a. Ὁ Κύκλωψ, ἔφη, ἔτυχεν ἕνα μόνον ὀφθαλμὸν ἔχων.

Le Cyclope, dit-il, ... qu'un seul œil.

b. Λύρας ἔχουσα παρέσχεν μίαν τῇ φίλῃ.

. . . . des lyres, ... une à . . . .

c. Ὅδε ὁ ἄγγελος φθάνει τὸ στράτευμα εἰς τὴν πόλιν.

Ce messager . . . . l'armée dans . . . .

d. Καίπερ εἰσιόντες παρὰ τοὺς φίλους, κακῶς λέγουσιν αὐτούς.

. . . . chez leurs amis, ils en disent du mal.

e. Ἄρχομαι ἀκούειν τῶν φιλοσόφων ἐν τῇ Ἀγορᾷ λεγόντων, φιλόσοφος γὰρ αὐτὸς γενέσθαι βούλομαι.

. . . . à suivre (écouter) les philosophes . . . .

sur l'Agora, en effet, je souhaite . . . . philosophe . . . .

f. Ἀλλ' ἐπειδὴ ἅμα βοᾶτε πάντες, παύομαι ἀκούων ὑμῶν, ὦ πολῖται.

Eh bien, citoyens, puisque . . . . tous en même temps, ...
écouter.

g. Ἀνήρ τις λύκῳ ἐντυχὼν ἐν τῇ ὕλῃ ἐπί τι δένδρον ἀνέβη.

Un homme . . . . un loup dans la forêt, grimpa . . . .

h. Ἆρα φθάνομεν εἰς ταύτην τὴν νῆσον ἐλθόντες;

Est-ce que . . . . à . . . . sur cette île ?

CHAPITRE 20 : L'IMPÉRATIF – LE PARTICIPE

Vocabulaire

ὁ σῖτος [ᴴo-sḭitos] la nourriture (ou le blé)

τὸ ὕδωρ ὕδατ- [to-ᴴudoor] l'eau

ἡ τράπεζα [ᴴèè-trapézda] la table (à manger)

ἡ χάρις χάριτ- [ᴴèè-kᴴaris] la grâce, la reconnaissance

μηδείς, μηδεμία, μηδέν μηδεν- [mèèdéés] aucun(e), nul, personne

ἀγεωμέτρητος –ος –ον [agéoomḗtrèètos] ignorant(e) de la géométrie

ἐθέλω [étᴴéloo] je veux, je consens

διψήω –ῶ –ῇς, –ῇ... [dipsoo] j'ai soif

πεινήω –ῶ –ῇς, –ῇ... [péénoo] j'ai faim

πίνω (προπίνω τινί) [(pro)pinoo] je bois (je bois à la santé de)

ἐσθίω (aor. ἔφαγον) [éstᴴioo] je mange

πόθεν; [potᴴén] d'où ? (d'où l'on vient)

ποῖ; [poï] où ? (où l'on va)

 Lisez le dialogue et complétez la traduction qui suit.

Ἀγεωμέτρητος μηδεὶς εἰσίτω « Que nul n'entre s'il n'est géomètre ! »

a. Ξένος τις παρέρχεται παρὰ οἶκόν τινα καὶ ἐντυγχάνει τῷ δεσπότῃ παρόντι ἐπὶ τὰς αὐλείας θύρας.

. . . . et rencontre . . . . se tenant sur le seuil de la porte (pl.) de la cour.

b. Ὁ δὲ δεσπότης λέγει αὐτῷ.

. . . . :

c. — Εἰπέ μοι, ὦ ξένε, τίς τε εἶ καὶ πόθεν ἦλθες καὶ ποῖ βαίνεις;

. . . . et d'où . . . . et où . . . . ?

d. — Εὐέλθων εἰμὶ τοῦ Φιλίππου. Ἐκ Μεγάρων Ἀθήναζε (=εἰς τὰς Ἀθήνας) ἔρχομαι.

. . . . Euelthôn, [fils] de Philippe. De Mégare . . . .

e. — Χαῖρε, ὦ Εὔελθον, εἰπέ μοι δια τί βαίνεις εἰς τὰς Ἀθήνας;

Salut, Euelthôn, ... pourquoi . . . . ?

f. — Ἐθέλω παρὰ τοὺς ἐν Ἀκαδημίᾳ ἰέναι καὶ αὐτῶν ἀκούειν.

. . . . les [philosophes] (ceux) de l'Académie et suivre leurs enseignements.

g. — Εὖγε σὺ ποιῶν.

Tu fais bien ! (« parfaitement toi faisant »)

CHAPITRE 20 : L'IMPÉRATIF – LE PARTICIPE

h. Δοκεῖ μοι ὅτι πεινῇ καὶ διψῇ μετὰ ταύτην τὴν διὰ τῶν ἀγρῶν τε καὶ τῶν ἐλαῶν πορείαν.

. . . .
. . . . la campagne et . . . .

i. — Ἔγωγε, πάνυ γὰρ διψῶ καὶ πεινῶ.

Oui, en effet, ...

j. — Οὐκ οἶδα πότερον σὺ ἀγεωμέτρητος εἶ ἢ οὔ,

. . . . si . . . . . ignorant de la géométrie . . . . ,

k. ἀλλὰ εὖ ἴσθι, ὅτι κεχαρισμένος ἦλθες.

. . . . que tu es le bienvenu (agréable venu).

l. Ἄγε νῦν εἴσελθε εἰς τὸν οἶκον.

Viens maintenant, ... !

m. Ἐλθὲ δεῦρο, ὦ παῖ, δός μοι τῷ ξένῳ πιεῖν καὶ φαγεῖν.

. . . . . ici, petit [serviteur], ... [donc] à . . . .
à . . . . et à . . . . .

n. Ἐπίθες τοῦ σίτου καὶ τοῦ οἴνου ἐπὶ τὴν τράπεζαν.

Pose . . . . et . . . . sur . . . . !

o. Θὲς καὶ τὴν κάλπιν ὕδατος ἐπὶ τὴν τράπεζαν.

. . . . !

p. Λαβέ, ὦ ξένε.

. . . . !

q. — Ἡδέως παρὰ σοῦ λαμβάνω.

. . . . volontiers.

r. Πολλὴν χάριν ἔχω σοι.

Je te remercie beaucoup.

s. — Χαίρω σοι παρελθόντι.

Je me réjouis de ton passage.

t. — Σοὶ προπιεῖν ἐθέλω.

. . . . boire à ta [santé] !

Bravo, vous avez terminé un nouveau chapitre ! Il est maintenant temps de comptabiliser les icônes et de reporter le résultat en page 128 pour l'évaluation finale.

Annexe

Racines verbales

Ce tableau présente les racines (sans augment ἐ–) des verbes cités ainsi que la 1re personne du futur de l'indicatif et de l'aoriste. Si l'aoriste n'existe pas, c'est l'imparfait qui est indiqué (ex. : εἰμι, *je suis* → ἦν impf.). Les verbes qui changent de racine (supplétisme) sont signalés en couleur.

PRÉSENT	TRADUCTION	RACINE	FUTUR INDICATIF	AORISTE/IMPARFAIT
ἀγγέλλω	j'annonce	ἀγγελ–	ἀγγελέω –ῶ	ἤγγειλα
ἄγω	je conduis	ἀγ–	ἄξω	ἤγαγον
ᾄδω (ἀείδω)	je chante	ἀσ–/ἀεισ–	ᾄσομαι	ᾖσα
αἰσχύνω	je déshonore (pass. j'ai honte)	αἰσχυν–	αἰσχυνέω –ῶ/ αἰσχυνέομαι –οῦμαι pass.	ᾔσχυνα
ἀκούω	j'entends, j'écoute	ἀκου–	ἀκούσομαι	ἤκουσα
βαίνω	je vais	βη–/βα–	βήσομαι	ἔβην
βοάω	je pousse des cris	βοησ–	βοήσομαι	ἐβόησα
βούλομαι	je veux	βουλ–	βουλήσομαι	[aor. pass. ἐβουλήθην]
γίγνομαι	je deviens	γεν–	γενήσομαι	ἐγενόμην
γιγνώσκω	je reconnais	γν(ο)–	γνώσομαι	ἔγνων
γράφω	j'écris	γραπ–	γράψω	ἔγραψα
δείκνῡμι	je montre	δικ–	δείξω	ἔδειξα
δέχομαι	je reçois	δεχ–	δέξομαι	ἐδεξάμην
διδάσκω	j'enseigne	δα–	διδάξω	ἐδίδαξα
δίδωμι	je donne	δο–	δώσω	ἔδωκα [ἐδόμην moy.]
ἐθέλω	je souhaite	θελ–	ἐθελήσω	ἠθέλησα
εἰμι	je suis	εσ–	ἔσομαι	[ἦ(ν) impf.]
εἶμι	j'irai	ἰ–	εἶμι	[ᾖα impf.]
ἕλκω	je tire	ἑλκ–	ἕλξω/ἑλκύσω	εἵλκυσα
ἐλπίζω	j'espère	ἐλπισ–	ἐλπιέω –ῶ	ἤλπισα
ἐργάζομαι	je travaille	ἐργασ–	ἐργάσομαι	εἰργασάμην
ἔρχομαι	je vais	ἐρχ–/ἐλθ–	ἐλεύσομαι/εἶμι	ἦλθον
ἐρωτάω –ῶ	j'interroge	ἐρ–/ἐρωτ–	ἐρήσομαι/ ἐρωτήσω	ἠρόμην/ἠρώτησα
ἐσθίω	je mange	ἐσθ–/φαγ–/ἐδ–	ἔδομαι	ἔφαγον
ἔχω	j'ai, je tiens	σχ–	ἕξω/σχήσω	ἔσχον
ζάω –ῶ	je vis	ζή–/ζω–	ζήσω	[ἔζων/ἔζην impf.]

ANNEXE

PRÉSENT	TRADUCTION	RACINE	FUTUR INDICATIF	AORISTE/IMPARFAIT
ἠμί	je dis			ἦν δ' ἐγώ, j'ai dit, ἦ δ'ὅς, ἦ, il a dit
θνήσκω (ἀπο–)	je meurs	θαν–	θανέομαι –οῦμαι	ἔθανον
ἵημί	j'envoie	ἱε–	ἥσω	ἧκα
ἵστημι	je place (moy. je me tiens)	στα–	στήσω	ἔστησα [ἔστην intrans.]
λαμβάνω	je prends	λαβ–	λήψομαι	ἔλαβον
λανθάνω	je dissimule (moy. j'oublie)	λαθ–	λήσω	ἔλαθον
λέγω	je dis	λεγ–/εἰπ–/ἐρ–	λέξω/ ἐρέω –ῶ	ἔλεξα, εἶπον
μανθάνω	j'apprends	μαθ–	μαθήσομαι	ἔμαθον
μάχομαι	je lutte	μαχ–	μαχέ(σ)ομαι	ἐμαχεσάμην
μέλλω	je m'apprête à	μελλ–	μελλήσω	ἐμέλλησα
μένω	je reste	μεν–	μενέω –ῶ	ἔμεινα
νομίζω	je pense, je crois	νομ–	νομιέω –ῶ	ἐνόμισα
[οἶδα]	je sais	Ϝιδ– (Ϝ digam.)	εἴσομαι	[ᾔδη impf.]
οἴομαι	je pense	οἰ–	οἰήσομαι	ᾤμην
ὁράω	je vois	ἰδ–/ὁρ–/ὀπ–	ὄψομαι	εἶδον
πίνω	je bois	πι–	πίομαι	ἔπιον
τίθημι	je pose, je place	θε–	θήσω	ἔθηκα [ἐθέμην moy.]
τρέπω	je tourne	τρεπ–	τρέψω	ἔτρεψα
τρέφω	je nourris	τρεφ–	θρέψω	ἔθρεψα
τρέχω	je cours	τρεχ–/δραμ–	δραμέομαι –οῦμαι	ἔδραμον
τυγχάνω	il se trouve que je	τυχ–	τεύξομαι	ἔτυχον
ὑπισχνέομαι	je promets	σχ–	ὑποσχήσομαι	ὑπεσχόμην
φαίνω	je montre (moy. j'apparais)	φαν–	φανέω –ῶ	ἔφηνα
φέρω	je porte	φερ–/ἐνεγκ–	οἴσω	ἤνεγκον/ἤνεγκα
φεύγω	je fuis	φυγ–	φεύξομαι	ἔφυγον
φημί	je dis	φα/η–	φήσω	ἔφησα [ἔφην impf.]
φθάνω	je devance	φθα–	φθήσομαι	ἔφθασα/ἔφθην
χαίρω	je me réjouis	χαρ–	χαιρήσω	ἐχάρην
χρήομαι	j'utilise (je suis en relation avec)	χρησ–	χρήσομαι	ἐχρησάμην [impf.]

Règles de contraction

Exemple de combinaison/contraction (type en –α) : ὁρ·**ά·ου**·σιν → ὁρ·**ῶ**·σιν.

TYPES	\multicolumn{11}{c}{TERMINAISONS}

TYPES	α	ε	ει	ι	η	ῃ	ο	ου	οι	ω	ῳ
–α	α	α	ᾳ	αι	α	ᾳ	ω	ω	ῳ	ω	ῳ
–ε	η	ει	ει	ει	η	ῃ	ου	ου	οι	ω	ῳ
–ο	ω	ου	οι	οι	ω	οι	ου	ου	οι	ω	ῳ

SOLUTIONS

Chapitre 1 : L'écriture grecque

1 B — M — A — O — T — K — N — I

3 a. ΑΘΗΝΑ b. ΑΠΟΛΛΩΝ c. ΞΕΡΞΗΣ d. ΝΕΑΠΟΛΙΣ e. ΟΛΥΜΠΟΣ f. ΦΙΛΙΠΠΟΣ

4 a. ΠΡΑΞΙΣ b. ΨΥΧΗ c. ΦΙΛΙΑ d. ΤΙΜΗ e. ΠΥΡ f. ΝΙΚΗ

5 a. Ξ → ks b. Z → zd c. Ψ → ps d. ΓΓ → ^{ng}g e. ΓΚ → ^{ng}k f. ΓΞ → ^{ng}ks g. ΓΧ → ^{ng}k^H h. ΣΒ → zb

6 a. ΣΦΙΓΞ b. ΑΓΓΕΛΟΣ c. ΑΧΙΛΛΕΥΣ d. ΜΥΚΗΝΑΙ e. ΜΑΡΑΘΩΝ f. ΖΕΥΣ

7 a. agros b. gèè c. t^{H}éos d. dèèmos e. érgon f. polus g. grap^{h}oo h. kratos i. lit^{h}os j. mak^{h}èè k. monos l. naous m. tauros n. logos

11 a. ΝΑΥΣ–ΜΑΧΗ b. ΜΟΝΟΣ–ΛΙΘΟΣ c. ΘΕΟΣ–ΛΟΓΟΣ d. ΓΗ–ΓΡΑΦΩ e. ΔΗΜΟΣ–ΚΡΑΤΟΣ f. ΜΟΝΟΣ–ΘΕΟΣ

Chapitre 2 : L'aspiration et l'accentuation

1 a. ᾽ (doux) b. ῾ (rude) c. ῾ (rude) d. ῾ (rude) e. ῾ (rude) f. ῾ (rude) g. ᾽ (doux)

2 a. Ἕκτωρ b. Ἡρακλης c. Ῥοδος d. Ἡως e. Ὅμηρος f. ἀστηρ g. Ἀθηνα h. ἀκροπολις i. Ἑρμης

3 a. ἄγγελος b. ἵππος c. ῥόδον d. ὕδωρ e. γράφω f. ἔργον g. λίθος h. κράτος i. ναῦς j. ἄγκυρα k. δῆμος l. Ἕκτωρ

4 a. Ἀχιλλεύς b. Ἀπόλλων c. Ἑλλάς d. Ἀθηνᾶ e. Ὅμηρος f. Ξενοφῶν

5 a. ŏ b. ă c. ŏ d. ō̆ e. ō̄ f. ĭ g. ŏ h. ă i. ōū j. ā k. ŏ l. ē̄ m. ŏ n. ă o. ē̄ p. ā

6 a. θάλαττα – κράτος b. λίθος – γράφω c. πόλεμος d. ἔργον e. ζῷον f. ὕδωρ – κεφαλή

Chapitre 3 : Le nominatif singulier

1 a. ἡ b. ἡ c. ὁ d. ὁ e. ἡ f. ἡ g. ἡ h. τὸ i. ἡ j. ὁ

2 a. Ἄιδω–ΑΙΔΩ b. Ὠιδή–ΩΙΔΗ c. Ζῷον–ΖΩΙΟΝ d. Ῥαψηδός–ΡΑΨΩΙΔΟΣ

3 a. Zeus et Athéna. b. Le cheval court. c. Athéna se réjouit. d. Le soleil brille. e. La lune également (aussi) brille. f. Le bœuf et le champ.

4 a. Ὁ Ἑρμῆς χαίρει. b. Τὸ ζῷον τρέχει. c. Ὁ Ὅμηρος ᾄδει. d. Ὁ ἵππος καὶ ὁ ποταμός. e. Ὁ γεωργὸς καὶ ὁ ἀγρός. f. Ἡ οἰκία καὶ ὁ λίθος.

5 a. Ἡ οἰκία καὶ ἡ θάλαττα. b. Ὁ ἀθλητὴς καὶ ὁ ἄγγελος. c. Ὁ δῆμος καὶ ὁ πόλεμος. d. Ὁ Ἀπόλλων καὶ ἡ Αἴγυπτος. e. Ἡ χώρα καὶ ὁ οἶκος. f. Ὁ Ὅμηρος ᾄδει.

6 a. ἰσχυρὸς ἀθλητής b. ἡ λαμπρὰ θάλαττα c. ξανθὸς μαθητής d. ὁ μακρὸς ποταμός e. τὸ μικρὸν ζῷον f. ἑλληνικὸς ἄγγελος

7 a. οἶνος — λόγος b. ἵππος — ποταμός c. ταῦρος — μάχη d. πολύς — θεός e. μόνος — λογος f. καθαρός -ά -όν g. παλαιός -ά -όν — γραφή, écriture h. ἀγαθή, bonne

Chapitre 4 : Le verbe « être »

1 a. Λαμπρά b. μεγίστη c. χαλεπόν d. καθαρός e. παλαιά f. μέγιστος θεός

2 1. ΕΣΤΕ (ἐστε) 2. ΕΙ (εἶ) 3. ΕΣΜΕΝ (ἐσμεν) 4. ΕΣΤΙΝ (ἐστιν) 5. ΕΙΜΙ (εἰμι) 6. ΕΙΣΙΝ (εἰσιν)

3 a. ἐστιν b. ἐστιν c. ἐστι d. ἐστιν e. ἐστί f. εἶ g. εἰμι

4 a. Homère est un poète (rhapsode). b. Europe (de la mythologie) est belle. c. La guerre est terrible. d. Le vin est bon. e. La pierre est pure. f. Tu es un laboureur fort. g. Je suis un messager.

5 a. Ὁ Ὅμηρός ἐστι ῥαψωδὸς ἄριστος. b. Ῥαψωδὸς ἄριστός ἐστιν ὁ Ὅμηρος.

6 a. παλαιός – ἄνθρωπος – λόγος b. λίθος – γραφή c. παλαιός – λίθος d. δῆμος – κράτος e. ἄριστον – κράτος f. ὥρα – λέγω (dans le sens de compter) g. ἄγγελος h. ὥρα – σκοπός, celui qui observe

Chapitre 5 : Le nominatif pluriel

1 a. οἱ b. αἱ c. οι d. οἱ αἱ e. α

2 a. Οἱ μαθηταὶ γράφουσιν. b. Οἱ ἰσχυροὶ γεωργοὶ ἐργάζονται. c. Καὶ οἱ δοῦλοι ἐργάζονται. d. Αἱ κόραι παίζουσιν. e. Οἱ ἀθληταὶ τρέχουσι καὶ οἱ ποιηταὶ ᾄδουσιν.

3 a. θεά b. μαθητής c. μάχη d. ποιητής e. ταῦρος f. ὥρα

4 a. Ἰσχυρὸς ἀθλητὴς οὐκ εἶ. b. Ἡ θάλαττα λαμπρὰ οὐκ ἔστιν. c. Ξανθὸς μαθητὴς οὔκ εἰμι. d. Οὐκ ἔστι μακρὸς ποταμός e. Τὸ ζῷον μικρὸν οὐκ ἔστιν.

5 a. Ἡ κόρη ξανθή ἐστι. b. Οἱ ἀθληταὶ ἄσμενοί εἰσιν. c. Ἔστιν αἰσχρὰ ζῷα. d. Ἰσχυροὶ δοῦλοι οὐκ ἐστέ.

6 a. φυτά – ζῷα b. ζῷα – φυτά c. Ἀθηνᾶ d. Ἀθηνᾶ – ἀθάνατος e. ἀθάνατοί f. θεοί – Θνητοί

7 a. νίκη (nom antique : Νίκαια) b. Inter (du latin) – ναύτης c. νέος – φυτόν (adj. νεόφυτος – ος – ον – nouvellement planté) d. ῥόδον – δένδρον

SOLUTIONS

Chapitre 6 : Les adjectifs en -ος -η/-α -ον

❶ a. Ἆρα ῥᾳδία ἐστὶν ἡ τέχνη; **b.** Ὁ πόλεμος μακρός ἐστιν. **c.** Ἆρα θνητός ἐστιν ὁ Ἡρακλῆς;

❷ a. ξανθὸς – ξανθὴ **b.** αἰσχρὸς – αἰσχρὰ **c.** μόνος – μόνη **d.** ἰσχυροί – ἰσχυραί **e.** ἱλαροί – ἱλαραί **f.** λαμπροί – λαμπραί.

❸ 1. καλοί 2. ἀθάνατος 3. ἱλαραί 4. ῥᾴδιον 5. ἄσμενα 6. θνητήν 7. ἀρχαῖα 8. φίλη 9. κοινούς

❹ a. Ἡ ὥρα καλή ἐστιν. **b.** Χαλεπὴ τέχνη. **c.** Ἡ κόρη ἀσμένη ἐστὶν καὶ ᾄδει. **d.** Ἡ θεὰ ἀθάνατός ἐστιν.

❺ a. μικροί εἰσιν **b.** οὔκ εἰμι **c.** ἱλαροί εἰσιν **d.** Ἔστιν **e.** ἵππος ἐστίν **f.** Ἔστιν – οὔκ ἔστιν.

❻ a. φίλος – ἵππος **b.** θεός – φίλος **c.** φίλος – σοφός **d.** ὕδωρ – φίλος **e.** κοινός ('κοινὴ διάλεκτος', langue commune) **f.** τέχνη – κράτος

Chapitre 7 : L'accusatif et le vocatif

❶ a. Ἡ κόρη ἔχει τὴν καλὴν λύραν. **b.** Ὁ παῖς θαυμάζει τὸν ποιητήν. **c.** Θαυμάζομεν τοὺς ἰσχυροὺς ἀθλητάς. **d.** Οἱ ποιηταὶ θαυμάζουσι τὸν Ὅμηρον.

❷ b. ἱλαράς : acc. fém. plur. **c.** λαμπροί : nom. masc. plur. **d.** μόνον : nom. neut. sing./ acc. masc. sing. / acc. neut. sing. **e.** ξανθούς : acc. masc. plur. **f.** ἀθλία : nom. fém. sing.

❸ a. -ῆς -αν -ήν **b.** -ὰ -α -ός **c.** -ὰν -αν **d.** -ους -ους **e.** -α -ά

❹ a. Le poète possède une belle lyre. **b.** Le laboureur ne voit pas les petits animaux. **c.** Nous avons un fort désir. **d.** Nous n'admirons pas les malheureux esclaves. **e.** Les roses ne sont pas immortelles.

❺ a. πόλις – μεγίστη – καλλίστη – πόλι **b.** ἀγαθός – ἀθλητής **c.** ἀθλητά – ἰσχυρός **d.** κυνηγέτης – δεινά **e.** δεινά– κυνηγέτα **f.** παῖς – παῖ – καλός

❻ a. La ville n'est pas seulement très grande, mais elle est très belle aussi. – Ô ville amie, que tu es magnifique ! **b.** Le bon athlète s'exerce [au gymnase]. **c.** Que tu es fort, l'athlète ! **d.** Le chasseur poursuit de terribles animaux sauvages. **e.** Chasseur, est-ce que tu ne chasses que de terribles animaux sauvages ? **f.** L'enfant [est] beau. Comme tu es beau, mon garçon !

❼ a. κυνηγέτης (chasser en menant, ἄγω, un chien, κύων) **b.** οἶκος – νόμος (loi) **c.** γυμνάζομαι (de γυμνός, nu, exercices physiques pratiqués nu) **d.** λύρα **e.** θαυμάζω (de θαῦμα, étonnement) – ἔργον **f.** πολύς – φωνή

Chapitre 8 : Le présent des verbes en -ω et -μαι

❶ a. διώκεις **b.** ᾄδει **c.** σὺ θαυμάζεις **d.** ὑμεῖς φεύγετε **e.** παίζει **f.** ἀκούομεν **g.** ἐγὼ γράφω **h.** τρέχουσιν

❷ a. ἄσμενος -η -ον (adj.) **b.** ὁ παῖς (subst.) ; παίζω (verbe) **c.** ὁ ποιητής (subst.) ; ᾄδω (verbe) **d.** ὁ ναύτης (subst.) ; ὁρῶ (verbe) **e.** ἡ νίκη (subst.) ; λαμπρός -ά -όν (adj.); ἐπαινῶ (verbe)

❸ βαδίζουσιν — γιγνώσκετε — λέγομεν — παίζετε — τρέχετε — χορεύομεν

❹ a. αἵδε ▸ μάχονται / ἔρχονται **b.** ἐγώ ▸ διαλέγομαι **c.** ἡμεῖς ▸ ἐρχόμεθα **d.** ὅδε ▸ γυμνάζεται / ᾄδει **e.** σύ ▸ ἐργάζει (moy.) **f.** τάδε ▸ γυμνάζεται / ᾄδει et ἔστι τάδε **g.** τόδε ▸ γυμνάζεται / ᾄδει / ἐστίν et ἔστι τόδε ; ▸ ἔστι(ν) **h.** ὑμεῖς ▸ πείθεσθε / διαλέγεσθε **i.** ἥδε ▸ γυμνάζεται / ᾄδει **j.** οἵδε ▸ μάχονται / ἔρχονται

❺ Par ordre alphabétique : ΓΥΜΝΑΖΕΤΑΙ — ΔΙΑΛΕΓΟΜΕΘΑ — ΕΡΓΑΖΕΣΘΕ — ΕΡΧΗΙ — ΜΑΧΕΣΘΕ — ΠΕΙΘΕΙ (dans le cas de la 2ᵉ pers. du sing. de πείθομαι, car πείθει peut être aussi la 3ᵉ pers. du sing. de l'actif πείθω)

❻ Par ordre alphabétique : γυμνάζεται — διαλεγόμεθα — ἐργάζεσθε — ἔρχῃ — μάχεσθε — πείθει

❼ b. διαλεγόμεθα **c.** ἐργάζονται **d.** ἔρχεται **e.** μάχεσθε **f.** πείθονται

❽ a. γυναικ- (← γυνή) – λόγος **b.** διαλέγομαι **c.** γυναικ- (← γυνή) **d.** ἀκούω **e.** χορεύω – γραφή **f.** διαλέγομαι (διάλεκτος, conversation, langage courant) **g.** προ-, avant) – γιγνώσκω **h.** ψυχή – σῶμα

Chapitre 9 : Le génitif

❶ a. οὐχ ὁ δοῦλος ἄρχει, ἀλλὰ ὁ δεσπότης **b.** ὁ κάλλιστος Ἀχιλλεὺς οὐκ ἀθάνατός ἐστιν **c.** ὁ κυνηγέτης διώκει τὰ θηρία **d.** ὁ μαθητὴς θαυμάζει τὴν τῆς κόρης λύραν **e.** τίς ἔρχεται ἀπὸ τῆς σελήνης;

❷ a. Ἀλεξάνδρου – θέας **b.** δέσποτα – ἀγροῦ **c.** ἥλιον – σελήνην **d.** κυνηγέτα – ποταμόν **e.** Ἀθηνῶν

❸ a. Ὁ γεωργὸς ἔρχεται ἀπὸ τοῦ ἀγροῦ μετὰ τοῦ ἵππου. **b.** Ἀπὸ τοῦ πολέμου ἄθλιος ὁ παῖς. **c.** Ἀνὴρ καὶ γυνὴ μετέχουσι τῆς ἑορτῆς **d.** Ὁ οἰκέτης εἰς τὰς Ἀθήνας ἔρχεται μετὰ τοῦ ἵππου.

SOLUTIONS

4 a. Les garçons ne prennent pas part à la guerre mais jouent à la guerre. b. L'Acropole d'Athènes mérite aussi la contemplation. c. Le garçon admire le beau cheval du maître.

5 a. οἱ Ἕλληνες b. τοῦ πολέμου c. τὸν ποταμόν d. τὸν ἥλιον

6 a. Τὰ ζῷα φεύγει τοὺς κυνηγέτας. b. Οἱ ποιηταὶ ᾄδουσι φιλίας ἰσχυράς. c. Οἱ γεωργοὶ ἔρχονται εἰς τοὺς ἀγροὺς μετὰ τῶν ἵππων. d. Καὶ τὰ θηρία τὰ δεινὰ φεύγει τὰ πυρά.

7 a. ἀνδρεῖος (ανδρ- ← ἀνήρ) b. καθαρή c. ανδρ- (← ἀνήρ) – γυνή d. διά – γιγνώσκω e. δεσπότης f. θέα (θέατρον, lieu où l'on contemple) g. πῦρ – τέχνη h. πῦρ – μανία, folie i. διά – φαίνω j. ἀ- φωνή (adj. ἄφωνος – ος – ον, qui ne peut parler)

Chapitre 10 : Le datif

1 a. τῷ ἀγαθῷ ἀθλητῇ b. τοῖς δεινοῖς θηρίοις c. τοῖς ἰσχυροῖς γεωργοῖς d. τῇ καλῇ λύρᾳ

2 a. ὁ λίθος (masc.), la pierre b. ὁ θεός (masc.), le dieu / ἡ θεά (fém.), la déesse / ἡ θέα (fém.), l'objet de contemplation c. τὸ ῥόδον (fém.), la rose d. ἡ γῆ (fém.), la terre e. ἡ ἄγκυρα (fém.), l'ancre f. ὁ ἀθλητής (masc.), l'athlète g. ὁ οἶκος (masc.), la propriété (les biens) h. τὸ θηρίον (fém.), la bête

3 a. δεινοῖς b. ἀγαθοὺς c. καλή d. χαλεπά e. καλλίσταις f. μεγίστου

4 a. Παρέχω ῥόδον τῇ ἀγαθῇ θεᾷ. b. Ὁ Ἕλλην πείθεται τῷ θεῷ. c. Ἄιδει ὁ μαθητὴς ᾠδὴν ἀοιδοῦ. d. Χαίρει ὁ ναύτης ἐπὶ τῇ λαμπρᾷ νίκῃ.

5 a. ἀποτρέχει b. Ἄπεισιν c. εἰσέρχονται d. παρέχει

6 a. Τί παρέχουσιν οἱ δεινοὶ θεοὶ τοῖς ἀνθρώποις; b. Οἱ δοῦλοι πείθονται τῷ τοῦ οἴκου δεσπότῃ. c. Αἱ κόραι θαυμάζουσιν τοὺς ἀοιδούς. d. Οἱ ἀθληταὶ χαίρουσιν ἐπὶ ταῖς λαμπραῖς νίκαις. e. Ἅμα τῇ ἡμέρᾳ ἀπέρχεται ἡ ναῦς ἀπὸ τῆς νήσου.

7 a. ἐπί – γραφή b. ὑπό – γῆ c. ἐπί – ἡμέρα (adj. ἐφ·ήμερος – ος – ον, qui dure un jour) d. διδάσκ- (même racine que διδάσκαλος)

Chapitre 11 : Les pronoms personnels

1 b. ἡμῶν c. ὑμᾶς d. πρὸς ἡμᾶς e. ἡμῖν f. Ὑμῖν

2 b. αὐτό c. αὐτῇ d. αὐτήν e. αὐτούς

3 a. τοὺς δεσπότας b. τὰς νεφέλας c. ἐκ τῆς οἰκίας d. τοὺς κλέπτας e. τὸν πρεσβύτην

4 b. θαυμάζεις σεαυτήν c. θαυμάζει ἑαυτόν (ou αὐτόν) d. θαυμάζει ἑαυτό (ou αὐτό) e. θαυμάζομεν ἡμᾶς αὐτούς f. θαυμάζετε ὑμᾶς αὐτάς g. θαυμάζει ἑαυτά (ou αὐτά) h. θαυμάζουσιν ἑαυτάς (ou αὐτάς)

5 a. ἑαυτοῖς b. σεαυτὸν c. ἡμᾶς αὐτοὺς d. ὑμᾶς αὐτοὺς e. ἑαυτὸν

6 a. ἀλλήλους b. ἀλλήλοις c. ἀλλήλων

7 a. Μέν... δέ b. γάρ c. καί... καί d. τε καί e. ὥστε

8 a. Οὐ μόνον – ἐργάζονται – ἀλλὰ καί b. Οἱ μὲν οἰκέται – οἱ δὲ δεσπόται c. Ἐγὼ μὲν – σὺ δέ d. Οἱ μὲν – οἱ δέ e. Ὁ μὲν παῖς – ὁ δέ

9 a. ἄνεμος – μέτρον, mesure b. κλέπτης – μανία, folie c. βακτηρία (analogie avec la forme) d. πρεσβύτης

Chapitre 12 : La 1re et la 2e déclinaisons

1 a. τοῖς b. τῇ c. τὸν d. οἱ e. τὰς f. τοῦ g. τῆς h. τὰ i. τῶν

2

		ὁ νεανίας le jeune homme	ἡ θάλαττα la mer
SINGULIER	nom.	ὁ νεανίας	ἡ θάλαττα
	acc.	τὸν νεανίαν	τὴν θάλατταν
	gén.	τοῦ νεανίου	τῆς θαλάττης
	dat.	τῷ νεανίᾳ	τῇ θαλάττῃ
PLURIEL	nom.	οἱ νεανίαι	αἱ θάλατται
	acc.	τοὺς νεανίας	τὰς θαλάττας
	gén.	τῶν νεανιῶν	τῶν θαλαττῶν
	dat.	τοῖς νεανίαις	ταῖς θαλάτταις

3

		ἡ Ἀθηνᾶ (l')Athéna	ὁ Ἑρμῆς (l')Hermès		αἱ Ἀθῆναι (les) Athènes (la cité)
SINGULIER	nom.	ἡ Ἀθηνᾶ (sing.)	Ἑρμῆς (sing.)	PLURIEL	αἱ Ἀθῆναι (plur.)
	acc.	τὴν Ἀθηνᾶν	Ἑρμῆν		τὰς Ἀθήνας
	gén.	τῆς Ἀθηνᾶς	Ἑρμοῦ		τῶν Ἀθηνῶν
	dat.	τῇ Ἀθηνᾷ	Ἑρμῇ		ταῖς Ἀθήναις

4 b. ἡ τῶν βαρβάρων ναῦς c. οἱ τῶν πολεμίων ἄγγελοι d. ἡ τῶν ἵππων τροφή e. αἱ τῶν ἀοιδῶν ᾠδαί f. ὁ τῆς Αἰγύπτου ποταμός

5 a. παρὰ τοῦ καλλίστου ῥαψῳδοῦ b. περὶ τῶν ἀθλίων δούλων c. διὰ τὸν δεινὸν πόλεμον d. εἰς τὰς μικρὰς οἰκίας e. μετὰ τὴν δεινὴν νόσον f. ἀπὸ τῆς μεγίστης νήσου.

6 a. τῇ δεινῇ μάχῃ b. τοῖς ἀγαθοῖς φίλοις – τῇ ἀγορᾷ c. τὴν ἐν Ἀθήναις Βουλήν d. τῆς νήσου e. τῇ ἐκκλησίᾳ – τὴν νόσον f. τῷ πρεσβύτῃ.

7 a. ζῷον – νόσος b. ἀ- βουλή (en grec ἡ ἀβουλία, irréflexion, imprudence) c. παιδ- (← παῖς) ἰατρός, médecin d. πολύς – νῆσος.

SOLUTIONS

Chapitre 13 : La 3ᵉ déclinaison

❶ a. ἀλωπεκ- **b.** νυκτ- **c.** χειρ- **d.** ἀνδρ- **e.** κυν- **f.** λεοντ- **g.** ποδ- **h.** ὀνοματ- **i.** σωματ- **j.** φωτ-

❷ a. ὁ ἀνήρ – ἀνδρεῖος -α -ον **b.** ὁ λέων – λεόντειος -α -ον **c.** ὁ θηρευτής – θηρευτικός -ή -όν **d.** ἡ ἀξία – ἄξιος -α -ον **e.** ἡ ἀρχή – ἀρχαῖος -α -ον **f.** ὁ ἄνθρωπος – ἀνθρώπειος -α -ον

❸

		ἡ φύσις la nature	ἡ δύναμις la puissance
SINGULIER	nom.	ἡ φύσις	ἡ δύναμις
	acc.	τὴν φύσιν	τὴν δύναμιν
	gén.	τῆς φύσεως	τῆς δυνάμεως
	dat.	τῇ φύσει	τῇ δυνάμει
PLURIEL	nom.	αἱ φύσεις	αἱ δυνάμεις
	acc.	τὰς φύσεις	τὰς δυνάμεις
	gén.	τῶν φύσεων	τῶν δυνάμεων
	dat.	ταῖς φύσεσι(ν)	ταῖς δυνάμεσι(ν)

❹ a. humaine – Grèce **b.** valeur – amis **c.** début – guerre **d.** ennemis – force (puissance) – lion **e.** accompagné – chien – chasse **f.** virils – bataille

❺

		ὁ λίθινος λέων le lion de pierre
SINGULIER	nom.	ὁ λίθινος λέων
	voc.	(ὦ λίθινε) λέον
	acc.	τὸν λίθινον λέοντα
	gén.	(τοῦ) λιθίνου (λέοντος)
	dat.	τῷ λιθίνῳ λέοντι
PLURIEL	nom.	οἱ λίθινοι λέοντες
	acc.	τοὺς λιθίνους λέοντας
	gén.	(τῶν λιθίνων λεόντων)
	dat.	(τοῖς) λιθίνοις (λέουσιν)

❻ Mots manquants : chien … renard. Un chien … chasse … un lion … sa … le lion … soudain … de sorte … terriblement … chien. Le chien … immédiatement. Non seulement … il se retourne … s'enfuit. Un renard … au chien … tu poursuis … lion… même pas … de lion … tu t'enfuis.

❼ a. δεινός – σαῦρος, lézard **b.** ἀλωπεκ- (← ἀλώπηξ, allusion à la chute des poils de renard) **c.** ὕδωρ – φόβος (même racine que φοβῶ) **d.** θεός (préfixé de παν-, tout/tous)

Chapitre 14 : Les présents -ῶ et -ῶμαι, -οῦμαι

❶ a. Vous approuvez les honnêtes gens. **b.** Artémis chasse elle-même. **c.** Nous ne voyons pas la terre. **d.** Ils/elles aident leurs (les) amis. **e.** Vous m'interrogez à propos de la chouette. **f.** Nous n'effrayons pas le maître.

❷ 1. ΕΡΩΤΑΤΕ (ἐρωτᾶτε) ou ΕΡΩΤΩΣΙ (ἐρωτῶσι) ou ΕΡΩΤΑΙΣ (ἐρωτᾷς) **2.** ΠΟΙΟΥΜΕΝ (ποιοῦμεν) **3.** ΠΟΙΕΙ (ποιεῖ) **4.** ΒΟΗΘΕΙ (βοηθεῖ) **5.** ΔΟΥΛΟΥΤΕ (δουλοῦτε) **6.** ΒΟΗΘΩ (βοηθῶ)

❸ a. δουλοῦται **b.** χρῶνται **c.** θεᾷ **d.** φοβούμεθα **e.** δουλοῖ **f.** χρῇ **g.** θεώμεθα **h.** φοβῇ

❹

		ἡ αἴξ la chèvre	τὸ βάρος le poids	ὁ δελφίς le dauphin	τὸ κῦμα la vague
SINGULIER	nom.	ἡ αἴξ	τὸ βάρος	ὁ δελφίς	τὸ κῦμα
	acc.	τὴν αἶγα	τὸ βάρος	τὸν δελφῖνα	τὸ κῦμα
	gén.	(τῆς αἰγός)	(τοῦ βάρους)	(τοῦ δελφῖνος)	(τοῦ κύματος)
	dat.	τῇ αἰγί	τῷ βάρει	τῷ δελφῖνι	τῷ κύματι
PLURIEL	nom.	αἱ αἶγες	τὰ βάρη	οἱ δελφῖνες	τὰ κύματα
	acc.	τὰς αἶγας	τὰ βάρη	τοὺς δελφῖνας	τὰ κύματα
	gén.	αἰγῶν	τῶν βαρῶν	τῶν δελφίνων	τῶν κυμάτων
	dat.	ταῖς αἰξίν	τοῖς βάρεσιν	(τοῖς δελφῖσιν)	τοῖς κύμασιν

❺ a. Φέρομεν τὰ βάρη αὐτοί. **b.** Ἕλκουσι τὰς αὐτὰς ἁμάξας. **c.** Οἱ κόρακες κράζουσιν. **d.** Ἐπιστρέφονται πρὸς ἡμᾶς. **e.** Οἱ ἁλιεῖς αὐτοὶ ἕλκουσι τὰ δίκτυα εἰς τὴν γῆν.

❻ a. ὁρῶμεν τὰς αἶγας **b.** θεῶνται δελφῖνας – κύμασιν **c.** δηλοῦσιν – πραγμάτων **d.** ποιεῖς

❼ Mots manquants : bœufs … l'essieu … bœufs … un chariot. L'essieu … Les bœufs … retournent … parlent … portons … la charge … c'est toi … cries

❽ a. βάρος – μέτρον, mesure **b.** ἁλιεύς **c.** μόνος – ἄρχων **d.** βάρος (précédé de ἰσο-, égal)

Chapitre 15 : L'imparfait

❶

SINGULIER	ἐγύμναζον	j'exerçais	ἐβάδιζον	je marchais
	ἐγύμναζες	tu exerçais	ἐβάδιζες	tu marchais
	ἐγύμναζεν	il/elle exerçait	ἐβάδιζεν	il/elle marchait
PLURIEL	ἐγυμνάζομεν	nous exercions	ἐβαδίζομεν	nous marchions
	ἐγυμνάζετε	vous exerciez	ἐβαδίζετε	vous marchiez
	ἐγύμναζον	ils/elles exerçaient	ἐβάδιζον	ils/elles marchaient

❷

SINGULIER	ἐθήρων [αον]	je chassais	ἐτίμων [αον]	j'honorais
	ἐθήρας [αες]	tu chassais	ἐτίμας [αες]	tu honorais
	ἐθήρα [αε]	il/elle chassait	ἐτίμα [αε]	il/elle honorait
PLURIEL	ἐθηρῶμεν [αομεν]	nous chassions	ἐτιμῶμεν [αομεν]	nous honorions
	ἐθηρᾶτε [αετε]	vous chassiez	ἐτιμᾶτε [αετε]	vous honoriez
	ἐθήρων [αον]	ils/elles chassaient	ἐτίμων [αον]	ils/elles honoraient

SOLUTIONS

3

SINGULIER	ἐφόβουν [εον]	j'effrayais	ἐδούλουν [οον]	j'asservissais
	ἐφόβεις [εες]	tu effrayais	ἐδούλους [οες]	tu asservissais
	ἐφόβει [εε]	il/elle effrayait	ἐδούλου [οε]	il/elle asservissait
PLURIEL	ἐφοβοῦμεν [εομεν]	nous effrayions	ἐδουλοῦμεν [οομεν]	nous asservissions
	ἐφοβεῖτε [εετε]	vous effrayiez	ἐδουλοῦτε [οετε]	vous asservissiez
	ἐφόβουν [εον]	ils/elles effrayaient	ἐδούλουν [οον]	ils/elles asservissaient

4 a. ἐ-βάδιζ-ον b. ἐ-γίγνωσκ-ες c. ἔ-γραφ-ον d. ἐ-θήρα-ες e. ἔ-ὅρα-ες f. ἐ-ᾀδ-ες g. ἐ-ακου-εν h. ἀπ(ο)-ῆσθα i. ἀπ(ο)-ἐ-έχ-εν j. ἀπ(ο)-ἐ-φεύγ-ετε

5 a. Ἐπήνει / beaux discours b. ἐπεθυμεῖτε - ἐπολέμουν / Vous - les barbares c. ᾤκουν / une très grande île d. ὠνόμαζεν / le bon soldat e. ὑπήκουον / Les uns - les autres

6

SINGULIER	ἐγυμναζόμην	je m'exerçais	ἐφοβούμην [εόμην]	je craignais
	ἐγυμνάζου	tu t'exerçais	ἐφοβοῦ [έου]	tu craignais
	ἐγυμνάζετο	il/elle s'exerçait	ἐφοβεῖτο [έετο]	il/elle craignait
PLURIEL	ἐγυμναζόμεθα	nous nous exercions	ἐφοβούμεθα [εόμεθα]	nous craignions
	ἐγυμνάζεσθε	vous vous exerciez	ἐφοβεῖσθε [έεσθε]	vous craigniez
	ἐγυμνάζοντο	ils/elles s'exerçaient	ἐφοβοῦντο [έοντο]	ils/elles craignaient

7 b. ἐ-μάχ-οντο c. ἐ-έρχ-ε(σ)ο d. ἐ-φοβε-όμην e. ἐ-δουλό-οντο f. δι(α)-ε-λέγ-εσθε

Chapitre 16 : L'aoriste

1 Colonne aoriste en -σα : a. c. e. f. / Colonne aoriste en -ον : b. d.

2

SINGULIER	ἔπεισα	je persuadai	ἐγυμνασάμην	je m'exerçai
	ἔπεισας	tu persuadas	ἐγυμνάσω	tu t'exerças
	ἔπεισε(ν)	il/elle persuada	ἐγυμνάσατο	il/elle s'exerça
PLURIEL	ἐπείσαμεν	nous persuadâmes	ἐγυμνασάμεθα	nous nous exerçâmes
	ἐπείσατε	vous persuadâtes	ἐγυμνάσασθε	vous vous exerçâtes
	ἔπεισαν	ils/elles persuadèrent	ἐγυμνάσαντο	ils/elles s'exercèrent

3 a. ἐδίωξαν b. ἔλαμψεν c. ἔπαισαν d. ἐθήρασεν e. ἐπῄνεσε

4 a. poursuivait ... lièvre b. Ils n'aidaient ... leurs (les) amis c. marchaient ... la mer d. avait ... chien e. poursuivit ... mer f. n'ont pas aidé ... la guerre ... les Athéniens

5

SINGULIER	ᾤκησα	j'habitai	ἠρώτησα	je demandai
	ᾤκησας	tu habitas	ἠρώτησας	tu demandas
	ᾤκησε(ν)	il/elle habita	ἠρώτησε(ν)	il/elle demanda
PLURIEL	ᾠκήσαμεν	nous habitâmes	ἠρωτήσαμεν	nous demandâmes
	ᾠκήσατε	vous habitâtes	ἠρωτήσατε	vous demandâtes
	ᾤκησαν	ils/elles habitèrent	ἠρώτησαν	ils/elles demandèrent

6 b. ἤγαγον — je conduisis c. ἦλθον — je vins, j'allai d. ηὗρον — je trouvai e. ἔλαβον — je pris f. εἶπον — je dis (j'ai dit) g. εἶδον — je vis

7 a. εἶπεν / vous - le messager b. ἐμάθομεν / auprès de toi c. εἴδετε - ἐξεφύγετε / un loup - vous vous enfuîtes d. ἐδράμεν / hors de la maison

Chapitre 17 : Le futur

1 b. il/elle asservira c. vous persuaderez d. ils/elles feront e. ils/elles annonceront f. il/elle fera cesser (act.) ; tu cesseras (moy.)

2 a. μενοῦσι / de marins b. Γράψετε / vos (les) amis c. ἄξεις / du jour d. Διαλεξόμεθα / ensemble (les uns avec les autres)

3 b. τιμήσουσιν c. οἰκήσετε d. ἐρωτήσω e. διαφθερῶ f. νικήσετε g. ζητήσεις

4 b. φιλήσει c. διαφθερεῖ d. βοηθήσεις e. ἐπιθυμήσετε f. αὐλήσεις g. ποιήσομεν h. ζητήσεις

5 a. φιλήσει b. διαφθερεῖ c. Βοηθήσεις d. ἐπιθυμήσετε e. Αὐλήσεις

6 a. ἀποβήσονται ... μενοῦμεν b. γνώσει c. δηλώσω

7 1. ΜΑΘΗΣΕΙ (μαθήσει) 2. ΑΚΟΥΣΕΤΑΙ (ἀκούσεται) 3. ΕΣΟΜΑΙ (ἔσομαι) 4. ΕΡΕΙΤΕ (ἐρεῖτε) 5. ΟΨΟΜΕΘΑ (ὀψόμεθα) 6. ΦΕΥΞΗΙ (φεύξῃ) 7. ΑΣΟΝΤΑΙ (ᾄσονται) 8. ΘΑΥΜΑΣΕΙ (θαυμάσει) 9. ΒΟΗΣΕΤΑΙ (βοησέται) 10. ΓΝΩΣΟΝΤΑΙ (γνώσονται) 11. ΒΑΔΙΟΥΝΤΑΙ (βαδιοῦνται) 12. ΕΙΜΙ (εἶμι)

8 a. γῆρας – ἰατρός, médecin b. δῆμος – ἄγω c. τιμῶ – θεός d. χορός (même racine que χορεύω) – ἄγω

SOLUTIONS

Chapitre 18 : Les pronoms-adjectifs

1 a. τούτῳ τῷ b. ταῦτα τὰ c. οὗτοι οἱ d. τούτοις τοῖς e. ἐκεῖναι αἱ f. ἐκείνας τὰς g. ἐκείνου τοῦ h. ἐκεῖνον τὸν

2 a. ταῦτα b. Ἐκεῖνος c. ἐκείνας d. τούτοις e. Τούτου f. ταύταις

3 a. τινες b. τι c. τινὲς d. τινος e. τινός f. τινί g. τι

4 a. Τίνι b. Τίνος c. Τίνες d. Τίνος e. τίνος

5 a. Τί ... τινὰς b. τινὶ ... Τίνες ... τίσι c. τις ... τίνες ... τίνων

6 a. ὁ -ος b. τοὺς -ους c. τῶν -ῶν d. ὑμῶν e. ἐκείνων f. σοῖς

7 a. ὁ ... ἡμῶν b. τοὺς ... ἡμῶν c. τῶν σῶν d. ὑμετέρᾳ e. αὐτῶν f. σου

8 a. ἑαυτῆς b. ἑαυτῶν c. ἐμαυτοῦ d. ἑαυτοῦ

9 chauve ... injurié, le philosophe ... au chauve ... je ne dis pas d'injures (je n'injurie pas) ... Je félicite ... cheveux ... ont quitté ... méchant

Chapitre 19 : L'infinitif. Les verbes en –μι

1 a. ᾄδειν ▸ ᾔδομεν – nous chantions b. ἀπέρχεσθαι ▸ ἀπέρχομαι – je m'éloigne c. γίγνεσθαι ▸ γίγνῃ – tu deviens d. εἰπεῖν ▸ εἶπεν il/elle dit (a dit) e. παρέχειν ▸ παρέχουσιν – ils/elles procurent f. ὑπακούειν ▸ ὑπακούετε – vous obéissez g. χορεύειν ▸ χορεύεις – tu danses

2 a. vous nommiez / ὀνομάζειν b. ils/elles utilisent / χρῆσθαι c. nous faisons / ποιεῖν d. j'avais ; ils/elles avaient / ἔχειν e. j'obéissais ; ils/elles obéissaient / ὑπακούειν

3 a. εἶναι – νικήσειν b. παύσεσθαι c. ἰέναι d. διαλέγεσθαι e. μάχεσθαι

4 a. Χρή b. Δεῖ c. Ἔξεστι d. δεινός e. Ἀνάγκη

5 a. ἄπειμι b. ἄπει c. εἴσεισιν d. εἴσιμεν e. ἔξιτε f. ἐξίασιν

6 a. Δίδωμι b. δίδωσι c. διδόασι d. Δεικνὺς e. δείκνυσιν

7 b. Φημὶ τὸ γράφειν ῥᾴδιον εἶναι. c. Ἔφην πολλὰς ὁδοὺς εἶναι πρὸς τὰς Ἀθήνας. d. Φημὶ ἄγειν τοὺς ἐμαυτοῦ φίλους παρὰ σέ. e. Ἔφην τοὺς Ἕλληνας θαυμάζειν τὴν Αἴγυπτον.

8 b. Ἄξει αὐτὸς τοὺς ἵππους εἰς τοὺς ἀγρούς. c. Ἀθηναῖοί τινες ἐπαινοῦσιν τοὺς Λακεδαιμονίους. d. Οἱ λύκοι αὔριον ἐκ τῆς ὕλης ἐξίασιν ὑπὸ λιμοῦ. e. Ἀγαθὸς εἶ καὶ διὰ τοῦτο δίδωμί σοι τόδε τὸ δῶρον.

Chapitre 20 : L'impératif — Le participe

1

SG.	βλέπε	regarde !	γράφε	écris !
PL.	βλέπετε	regardez !	γράφετε	écrivez !
SG.	γράψον	écris !	δίωξον	poursuis !
PL.	γράψατε	écrivez !	διώξατε	poursuivez !

2 b. Ne crains pas ! μὴ φοβεῖσθε (ἔεσθε) c. Chante maintenant ! ᾄσατε d. Fuis maintenant ! φύγετε e. Obéis ! πείθεσθε f. Ne discute pas ! μὴ διαλέγεσθε g. Travaille ! ἐργάζεσθε

3 a. Ne vous étonnez pas ! b. Observe ! c. Fais ! d. Asservis !

4 a. Crains b. honore c. tes (les) amis d. aux lois

5 a. Travaille b. Chante-moi – une chanson c. amis – ne restez pas – cité d. Deviens – ami e. Bats-toi – toi-même – ton ami f. Ne sois pas surpris – étranger – la loi chez nous – différente

6 a. te ... toi-même ! b. Aide (tes) amis ! c. Écoute d. Apprends à reconnaître e. la vieillesse ! f. Poursuis

7 a. se trouvait n'avoir b. Possédant – elle en prêta (fournit) – son amie c. précède – la ville d. Bien qu'allant e. Je commence – qui parlent – devenir – moi-même. f. vous criez – je cesse de vous g. ayant rencontré – à un arbre h. nous sommes les premiers – arriver

8 a. Un étranger passe devant une maison – le maître b. Le maître lui dit c. Dis-moi étranger qui es-tu – viens-tu (vins-tu) – vas-tu d. Je suis – je vais à Athènes. e. dis-moi, – vas-tu à Athènes f. Je veux aller chez h. Il me semble que tu as faim et soif après cette marche à travers – les oliviers i. j'ai très soif et faim. j. Je ne sais pas – tu es – ou pas k. mais sache bien – l. entre chez moi m. Viens – donne – notre (l')hôte – boire – manger n. de la nourriture – du vin – la table o. Pose aussi la cruche d'eau sur la table p. Sers-toi (prends), mon cher (hôte) q. Je l'accepte (le prends) de toi t. Je veux

TABLEAU D'AUTOÉVALUATION

Bravo, vous êtes venu à bout de ce cahier ! Il est temps à présent de faire le point sur vos compétences et de comptabiliser les icônes afin de procéder à l'évaluation finale. Reportez le sous-total de chaque chapitre dans les cases ci-dessous puis additionnez-les afin d'obtenir le nombre final d'icônes dans chaque couleur. Puis découvrez vos résultats !

	🙂 😐 ☹		🙂 😐 ☹
1. L'écriture grecque	☐ ☐ ☐	11. Les pronoms personnels	☐ ☐ ☐
2. L'aspiration et l'accentuation	☐ ☐ ☐	12. La 1ʳᵉ et la 2ᵉ déclinaisons	☐ ☐ ☐
3. Le nominatif singulier	☐ ☐ ☐	13. La 3ᵉ déclinaison	☐ ☐ ☐
4. Le verbe « être »	☐ ☐ ☐	14. Les présents -ω et -ῶμαι, -οῦμαι	☐ ☐ ☐
5. Le nominatif pluriel	☐ ☐ ☐	15. L'imparfait	☐ ☐ ☐
6. Les adjectifs en -ος -η/-α -ον	☐ ☐ ☐	16. L'aoriste	☐ ☐ ☐
7. L'accusatif et le vocatif	☐ ☐ ☐	17. Le futur	☐ ☐ ☐
8. Le présent des verbes en -ω et -μαι	☐ ☐ ☐	18. Les pronoms-adjectifs	☐ ☐ ☐
9. Le génitif – Les prépositions	☐ ☐ ☐	19. L'infinitif. Les verbes en -μι	☐ ☐ ☐
10. Le datif	☐ ☐ ☐	20. L'impératif – Le participe	☐ ☐ ☐

Total, tous chapitres confondus .... 🙂 😐 ☹

Vous avez obtenu une majorité de...

Εὖγε τῆς ἐπιτυχίας

Eh bien, bravo pour votre réussite ! Vous connaissez à présent les bases du grec ancien ! Prêt(e) pour de nouvelles aventures ?

Οὐχ οὕτω κακῶς…

Pas si mal…
Mais vous pouvez encore progresser. Refaites les exercices qui vous ont donné du fil à retordre en jetant un coup d'œil aux leçons !

Μὴ ἀναπέσῃς

Ne perdez pas courage ! Reprenez l'ensemble de l'ouvrage en relisant bien les leçons avant de refaire les exercices.

Mise en pages : Élodie Bourgeois pour Lunedit
Réalisation : lunedit.com
© 2022 Assimil
Dépôt légal : mars 2022

N° d'édition : 4335 - avril 2024
ISBN : 978-2-7005-0999-1
www.assimil.com
Imprimé en Roumanie par Master Print